L'Art de la salubrité
Redéfinir l'hygiène

L'Art de la salubrité
Redéfinir l'hygiène

Par
Gaétan Lanthier

Dépôt légal — Bibliothèque et Archives nationales du Québec, 2024.
Dépôt légal — Bibliothèque et Archives Canada, 2024.

ISBN 978-2-9817267-8-0

Table des matières

Les nouvelles technologies en hygiène industrielle 8

Comment choisir le désinfectant approprié pour votre entreprise.... 10

L'importance de la formation en salubrité pour le personnel 12

Gestion des déchets : pratiques écologiques en milieu de travail 15

Les normes de salubrité alimentaire en 2025 18

Prévenir les épidémies en milieu professionnel 20

Hygiène personnelle et impact sur l'environnement de travail 23

Meilleures pratiques pour le nettoyage des surfaces sensibles 26

L'importance de l'hygiène dans le secteur de la restauration 29

Réduire l'utilisation de produits chimiques nocifs 34

L'avenir de la salubrité : tendances et innovations 35

Guide complet du nettoyage des équipements industriels 36

Impact des produits de nettoyage sur la santé des employés 38

Hygiène hospitalière : réduire les infections nosocomiales 43

La salubrité dans le secteur de la restauration 47

Protocoles de nettoyage pendant la saison de la grippe 52

Utilisation efficace des équipements de protection individuelle 56

Erreurs courantes en matière de nettoyage et comment les éviter 61

Gestion de la salubrité en temps de pandémie 67

Comment établir un plan d'hygiène pour votre entreprise 72

L'importance de la qualité de l'air intérieur 77

Certifications en hygiène et salubrité à considérer pour votre entreprise
.... 82

Nettoyage écologique : mythes et réalités 88

Comment les robots changent le monde du nettoyage 93

Hygiène des mains : les bonnes pratiques 98

Lutter contre les moisissures en milieu de travail 102

La salubrité dans les transports publics 105

Impacts environnementaux des produits de nettoyage.................. 109

Formation continue en hygiène : pourquoi est-ce essentiel 113

Les défis du nettoyage après sinistre.................................. 117

Sécurité des employés lors du nettoyage de zones à haut risque 121

Utilisation de la technologie UV en désinfection 126

La salubrité dans l'industrie alimentaire : enjeux et solutions 130

Nettoyage des espaces verts et extérieurs 134

L'importance de l'hygiène dans les chaînes de production industrielle
.... 138

Le rôle de l'hygiène dans la satisfaction client...................... 142

L'hygiène dans les espaces de coworking : défis et solutions........... 146

Comment choisir un service de nettoyage professionnel pour votre
entreprise... 149

Les technologies émergentes dans le secteur de la propreté industrielle
.... 154

Intégrer l'hygiène dans la culture de l'entreprise 158

Les protocoles d'hygiène pour les événements de grande envergure
.... 162

Les meilleures pratiques pour le nettoyage des équipements
informatiques.. 166

L'importance de la désinfection dans les établissements scolaires .. 170

Les enjeux de l'hygiène dans les hôpitaux et cliniques 175

Les avantages des produits de nettoyage écologiques pour les
entreprises... 179

Les normes HACCP : guide complet pour les entreprises alimentaires 183

Les défis de l'hygiène dans les zones de construction 188

Comment prévenir la contamination croisée dans les environnements de production 193

Le rôle des nanotechnologies dans le nettoyage moderne 198

La gestion de l'hygiène en télétravail : conseils pour un environnement sain à domicile 203

Les impacts psychologiques d'un environnement de travail propre 207

Les tendances futures en matière d'hygiène et de salubrité 211

Les nouvelles technologies en hygiène industrielle

Résumé: Découverte des innovations technologiques révolutionnant l'hygiène industrielle pour une efficacité et une sécurité accrue.

Mots-clés: Hygiène industrielle, Nouvelles technologies, Innovations, Sécurité

Introduction

L'hygiène industrielle évolue rapidement grâce aux avancées technologiques. Ces innovations offrent des solutions inédites pour améliorer les processus de nettoyage, assurer la sécurité des employés et protéger l'environnement. Cet article explore les technologies émergentes qui transforment le secteur de l'hygiène industrielle.

Robots de nettoyage autonomes

Les robots autonomes sont désormais utilisés pour effectuer des tâches de nettoyage complexes. Équipés de capteurs avancés et d'intelligence artificielle, ils naviguent aisément dans les environnements industriels, évitant les obstacles et adaptant leurs actions en temps réel. Ils permettent de réduire les risques pour le personnel en limitant l'exposition à des environnements potentiellement dangereux.

Technologies de désinfection par UV-C

La désinfection par lumière UV-C est une technologie innovante qui élimine efficacement les micro-organismes sans utiliser de produits chimiques. Elle est particulièrement utile dans les industries alimentaires et pharmaceutiques, où la stérilité est cruciale. Les systèmes UV-C portables ou intégrés aux équipements offrent une désinfection rapide et écologique.

Internet des Objets (IoT) et capteurs intelligents

L'IoT révolutionne la manière dont les entreprises surveillent et gèrent l'hygiène. Des capteurs intelligents collectent des données en temps réel sur la propreté, l'humidité, la présence de contaminants, etc. Ces informations permettent une réaction proactive, optimisant les protocoles de nettoyage et garantissant un environnement sain.

Produits de nettoyage écologiques

Les avancées chimiques ont conduit au développement de produits de nettoyage biodégradables et non toxiques. Ces solutions écologiques sont tout aussi efficaces que leurs homologues traditionnels, réduisant l'impact environnemental et améliorant la sécurité des travailleurs.

Réalité augmentée (RA) pour la formation

La RA est utilisée pour former le personnel aux procédures d'hygiène et de sécurité. En superposant des instructions virtuelles sur le monde réel, les employés peuvent apprendre en situation réelle, ce qui améliore la compréhension et la rétention des informations.

Conclusion

L'adoption de ces nouvelles technologies est essentielle pour les entreprises souhaitant rester compétitives et assurer une hygiène industrielle optimale. Elles offrent des avantages significatifs en termes d'efficacité, de sécurité et de durabilité.

Comment choisir le désinfectant approprié pour votre entreprise

Résumé: Guide pratique pour sélectionner le désinfectant idéal en fonction des besoins spécifiques de votre entreprise.

Mots-clés: Désinfectant, Sélection, Entreprise, Hygiène

Introduction

Le choix du désinfectant approprié est crucial pour maintenir un environnement sain et sécuritaire. Avec la multitude de produits disponibles, il peut être difficile de déterminer lequel convient le mieux à votre entreprise. Ce guide vous aidera à identifier les critères essentiels pour faire le bon choix.

Identifier les besoins spécifiques

- **Type de contaminants**: Connaître les micro-organismes à cibler (bactéries, virus, champignons).

- **Surfaces à traiter**: Matériaux sensibles, zones alimentaires, équipements électroniques.

- **Fréquence d'utilisation**: Usage quotidien, hebdomadaire ou ponctuel.

Considérer l'efficacité du produit

- **Spectre d'action**: Préférer des désinfectants à large spectre.

- **Temps de contact**: Choisir un produit avec un temps d'action compatible avec vos opérations.

- **Normes et certifications**: Vérifier les homologations réglementaires et les normes ISO.

Évaluer la sécurité et l'impact environnemental

- **Toxicité**: Opter pour des produits sans composés nocifs pour la santé.

- **Biodégradabilité**: Privilégier les désinfectants écologiques pour réduire l'impact environnemental.

- **Compatibilité**: Assurer que le produit n'endommage pas les surfaces ou les équipements.

Analyser le coût et la disponibilité

- **Prix**: Établir un budget en considérant le coût à l'usage et non seulement le prix d'achat.

- **Disponibilité**: S'assurer d'un approvisionnement régulier pour éviter les ruptures de stock.

- **Formulation**: Choisir entre les concentrés à diluer ou les solutions prêtes à l'emploi.

Former le personnel à l'utilisation

- **Instructions claires**: Fournir des directives précises pour l'application.

- **Équipements de protection**: Informer sur les EPI nécessaires lors de l'utilisation.

- **Stockage et manipulation**: Enseigner les bonnes pratiques pour éviter les accidents.

Conclusion

Sélectionner le désinfectant adéquat nécessite une analyse approfondie de vos besoins et une considération attentive des caractéristiques des produits. Un choix éclairé contribuera à assurer la santé de vos employés et la pérennité de votre entreprise.

L'importance de la formation en salubrité pour le personnel

Résumé: Explorer pourquoi la formation en salubrité est essentielle pour le personnel et comment elle impacte positivement l'entreprise.

Mots-clés: Formation, Salubrité, Personnel, Santé et sécurité

Introduction

La salubrité au sein d'une entreprise ne dépend pas uniquement des protocoles établis, mais surtout de la formation du personnel. Des employés bien formés sont la clé pour maintenir un environnement sain, sécuritaire et conforme aux réglementations en vigueur.

Prévention des risques sanitaires

Une formation adéquate permet au personnel de:

- **Comprendre les enjeux**: Reconnaître l'importance de la salubrité pour la santé individuelle et collective.

- **Appliquer les bonnes pratiques**: Maîtriser les techniques de nettoyage et de désinfection efficaces.

- **Identifier les dangers**: Détecter rapidement les situations à risque pour agir en conséquence.

Conformité aux réglementations

Les lois et normes en matière de salubrité sont strictes. La formation assure que les employés:

- **Connaissent les obligations légales**: Évitant ainsi les amendes et sanctions.

- **Maintiennent la documentation à jour**: Pour des audits et inspections réussis.

- **Adoptent une culture de conformité**: Intégrant la salubrité dans les valeurs de l'entreprise.

Amélioration de l'efficacité opérationnelle

Des employés formés:

- **Réduisent les erreurs**: Moins de risques de contamination ou de propagation de maladies.

- **Optimisent les ressources**: Utilisation adéquate des produits et équipements.

- **Augmentent la productivité**: Moins d'interruptions dues à des problèmes sanitaires.

Renforcement de la confiance des clients et partenaires

Une entreprise démontrant un haut niveau de salubrité:

- **Améliore son image de marque**: Se positionnant comme fiable et professionnelle.

- **Fidélise sa clientèle**: Les clients sont rassurés et satisfaits.

- **Attire de nouveaux partenaires**: Qui valorisent la qualité et la sécurité.

Mise en place d'un programme de formation efficace

- **Personnalisation**: Adapter la formation aux besoins spécifiques de chaque poste.

- **Interactivité**: Utiliser des méthodes participatives pour renforcer l'engagement.

- **Actualisation régulière**: Mettre à jour les formations en fonction des évolutions réglementaires et technologiques.

Conclusion

Investir dans la formation en salubrité est un choix stratégique qui profite tant aux employés qu'à l'entreprise. C'est un pilier essentiel pour assurer un environnement de travail sain, respecter les réglementations et renforcer la réputation de l'entreprise.

Gestion des déchets : pratiques écologiques en milieu de travail

Résumé: Découvrez comment adopter des pratiques écologiques de gestion des déchets au travail pour un environnement plus sain.

Mots-clés: Gestion des déchets, Pratiques écologiques, Environnement de travail, Développement durable

Introduction

La gestion des déchets est un enjeu majeur pour les entreprises soucieuses de leur impact environnemental. Adopter des pratiques écologiques au sein de votre milieu de travail contribue non seulement à la préservation de l'environnement, mais aussi à l'amélioration de l'image de votre entreprise. Cet article explore les méthodes efficaces pour une gestion durable des déchets en entreprise.

Comprendre les types de déchets

Avant de mettre en place une stratégie de gestion des déchets, il est essentiel de comprendre les différents types de déchets produits :

- **Déchets recyclables** : papier, carton, plastique, verre, métaux.

- **Déchets organiques** : restes alimentaires, déchets verts.

- **Déchets dangereux** : produits chimiques, piles, équipements électroniques.

- **Déchets non recyclables** : certains plastiques, textiles contaminés.

Mettre en place un programme de recyclage

Un programme de recyclage efficace comprend :

- **Tri à la source** : Installer des bacs de tri clairement identifiés dans les zones stratégiques.

- **Sensibilisation du personnel** : Former les employés sur l'importance du recyclage et les bonnes pratiques.

- **Collaboration avec des prestataires** : Travailler avec des entreprises spécialisées dans la collecte et le recyclage des déchets.

Réduction des déchets à la source

- **Adopter le numérique** : Réduire l'utilisation de papier en favorisant les documents numériques.

- **Achat responsable** : Privilégier les produits avec moins d'emballage ou des emballages recyclables.

- **Réutilisation** : Encourager la réutilisation des matériaux et équipements lorsque possible.

Gestion des déchets organiques

- **Compostage** : Mettre en place un système de compostage pour les déchets alimentaires.

- **Donation** : Donner les excédents alimentaires à des associations caritatives.

Élimination sécuritaire des déchets dangereux

- **Stockage approprié** : Utiliser des conteneurs sécurisés pour les déchets dangereux.

- **Formation** : Former le personnel sur les procédures de manipulation et d'élimination.

- **Conformité légale** : Respecter les réglementations locales et nationales.

Impliquer le personnel

- **Communication régulière** : Informer sur les objectifs et les progrès réalisés.

- **Récompenses** : Mettre en place des récompenses pour encourager les bonnes pratiques.

- **Responsabilisation** : Désigner des ambassadeurs écologiques au sein des équipes.

Conclusion

Adopter des pratiques écologiques de gestion des déchets est un investissement pour l'avenir. Non seulement cela réduit l'impact environnemental de votre entreprise, mais cela peut également générer des économies et améliorer la satisfaction des employés.

Les normes de salubrité alimentaire en 2025

Résumé: Un aperçu des normes de salubrité alimentaire prévues pour 2025 et comment les entreprises peuvent s'y préparer.

Mots-clés: Salubrité alimentaire, Normes 2025, Sécurité alimentaire, Réglementations

Introduction

La salubrité alimentaire est une préoccupation croissante à l'échelle mondiale. En 2025, de nouvelles normes entreront en vigueur pour renforcer la sécurité des aliments. Cet article examine ces changements et fournit des conseils pour aider les entreprises à se conformer aux nouvelles exigences.

Évolution des normes de salubrité alimentaire

- **Traçabilité accrue** : Les entreprises devront assurer une traçabilité complète des produits, de la production à la distribution.

- **Contrôles renforcés** : Mise en place de protocoles de contrôle plus stricts pour détecter les contaminants.

- **Transparence** : Obligation de divulguer les informations sur les ingrédients et les allergènes.

Principales normes à surveiller

- **ISO 22000:2025** : Mise à jour de la norme internationale sur la gestion de la sécurité des denrées alimentaires.

- **HACCP amélioré** : Renforcement des analyses des risques et des points critiques pour leur maîtrise.

- **Normes locales** : Adaptations spécifiques en fonction des législations nationales.

Implications pour les entreprises

- **Investissements technologiques** : Adoption de systèmes de suivi et de gestion des données.

- **Formation du personnel** : Mise à jour des compétences pour répondre aux nouvelles exigences.

- **Revue des fournisseurs** : S'assurer que les partenaires respectent également les nouvelles normes.

Comment se préparer dès maintenant

- **Audit interne** : Évaluer les pratiques actuelles et identifier les lacunes.

- **Plan d'action** : Élaborer une stratégie pour atteindre la conformité d'ici 2025.

- **Consultation d'experts** : Faire appel à des spécialistes en salubrité alimentaire pour un accompagnement.

Les avantages de la conformité

- **Réduction des risques** : Moins de chances de contamination et de rappels de produits.

- **Confiance des consommateurs** : Renforcement de la réputation de l'entreprise.

- **Avantage concurrentiel** : Se démarquer en étant proactif dans la sécurité alimentaire.

Conclusion

Les normes de salubrité alimentaire en 2025 représentent un défi mais aussi une opportunité pour les entreprises. En se préparant dès maintenant, elles peuvent non seulement se conformer aux réglementations mais aussi améliorer leurs opérations et leur image de marque.

Prévenir les épidémies en milieu professionnel

Résumé: Stratégies essentielles pour prévenir la propagation des épidémies sur le lieu de travail et protéger les employés.

Mots-clés: Prévention épidémies, Milieu professionnel, Santé des employés, Hygiène

---

Introduction

Les épidémies peuvent avoir un impact dévastateur sur les entreprises, affectant la santé des employés et perturbant les opérations. Prévenir leur propagation en milieu professionnel est donc crucial. Cet article présente des mesures efficaces pour protéger votre personnel et maintenir un environnement de travail sain.

Promouvoir l'hygiène personnelle

- **Lavages fréquents des mains** : Installer des stations de lavage et des distributeurs de désinfectant.

- **Étiquette respiratoire** : Encourager à couvrir la bouche lors de toux ou d'éternuements.

- **Éducation** : Sensibiliser sur les bonnes pratiques d'hygiène.

Maintenir un environnement propre

- **Nettoyage régulier** : Désinfecter les surfaces fréquemment touchées (poignées, claviers, téléphones).

- **Ventilation adéquate** : Assurer une bonne circulation de l'air pour réduire les agents pathogènes en suspension.

- **Gestion des déchets** : Éliminer rapidement les déchets potentiellement contaminés.

Politiques de santé au travail

- **Congés maladie** : Encourager les employés malades à rester chez eux.

- **Télétravail** : Faciliter le travail à distance lorsque possible.

- **Suivi médical** : Mettre en place des contrôles de santé réguliers.

Communication transparente

- **Informations actualisées** : Fournir des mises à jour sur les épidémies et les mesures prises.

- **Canaux ouverts** : Permettre aux employés de poser des questions et exprimer leurs préoccupations.

Formation du personnel

- **Préparation aux situations d'urgence** : Former sur les protocoles en cas d'épidémie.

- **Utilisation des EPI** : Enseigner le port correct des équipements de protection individuelle.

Collaboration avec les autorités sanitaires

- **Conformité** : Respecter les directives des organismes de santé.

- **Signalement** : Informer les autorités en cas de cas confirmés au sein de l'entreprise.

Conclusion

La prévention des épidémies en milieu professionnel est une responsabilité collective. En mettant en œuvre des stratégies proactives, les entreprises peuvent protéger la santé de leurs employés et assurer la continuité de leurs activités.

Hygiène personnelle et impact sur l'environnement de travail

Résumé: Découvrez comment l'hygiène personnelle des employés influence directement l'environnement de travail.

Mots-clés: Hygiène personnelle, Environnement de travail, Santé au travail, Productivité

Introduction

L'hygiène personnelle n'est pas seulement une affaire individuelle; elle joue un rôle crucial dans la création d'un environnement de travail sain et productif. Les pratiques d'hygiène des employés peuvent affecter non seulement leur propre santé, mais aussi celle de leurs collègues, ainsi que l'efficacité globale de l'entreprise.

L'importance de l'hygiène personnelle au travail

- **Prévention des maladies**: Une bonne hygiène personnelle réduit la propagation des germes et des maladies infectieuses.

- **Image professionnelle**: Des employés propres et bien soignés projettent une image positive de l'entreprise.

- **Confort des collègues**: Maintenir une bonne hygiène personnelle évite les situations inconfortables pour les autres employés.

Pratiques essentielles d'hygiène personnelle

- **Hygiène des mains**: Se laver régulièrement les mains avec du savon et de l'eau pendant au moins 20 secondes.

- **Hygiène respiratoire**: Couvrir la bouche et le nez avec un mouchoir ou le coude lors de la toux ou des éternuements.

- **Propreté vestimentaire**: Porter des vêtements propres et adaptés à l'environnement de travail.

- **Soins personnels**: Maintenir une hygiène corporelle quotidienne, y compris la douche et l'utilisation de déodorant.

L'impact sur la santé et la productivité

- **Réduction des absences**: Moins de propagation de maladies signifie moins de jours de maladie.

- **Amélioration de la concentration**: Un environnement propre et sain favorise une meilleure concentration et efficacité.

- **Esprit d'équipe renforcé**: Les employés se sentent plus à l'aise et collaborent mieux dans un environnement hygiénique.

Rôle de l'employeur dans la promotion de l'hygiène personnelle

- **Politiques claires**: Établir des directives sur les normes d'hygiène personnelle attendues.

- **Formation**: Organiser des sessions de formation sur les bonnes pratiques d'hygiène.

- **Installations adéquates**: Fournir des installations sanitaires propres, du savon, des désinfectants et des équipements pour le séchage des mains.

- **Communication**: Encourager une culture de respect et de responsabilité partagée en matière d'hygiène.

Gérer les situations délicates

- **Approche discrète**: Aborder les problèmes d'hygiène personnelle avec tact et respect.

- **Soutien**: Offrir de l'aide ou des ressources aux employés qui pourraient rencontrer des difficultés.

- **Confidentialité**: Maintenir la confidentialité pour préserver la dignité de l'employé concerné.

Conclusion

L'hygiène personnelle est un pilier fondamental pour maintenir un environnement de travail sain et productif. En encourageant de bonnes pratiques d'hygiène, les entreprises peuvent améliorer la santé globale de leur personnel, réduire les absences et favoriser une culture d'entreprise positive.

Meilleures pratiques pour le nettoyage des surfaces sensibles

Résumé: Guide complet sur les méthodes efficaces pour nettoyer en toute sécurité les surfaces sensibles.

Mots-clés: Nettoyage, Surfaces sensibles, Meilleures pratiques, Sécurité

Introduction

Les surfaces sensibles, telles que les équipements électroniques, les matériaux délicats ou les zones stériles, nécessitent une attention particulière lors du nettoyage. Une mauvaise manipulation peut entraîner des dommages matériels ou des risques pour la santé. Cet article présente les meilleures pratiques pour assurer un nettoyage efficace et sûr de ces surfaces.

Identifier les surfaces sensibles

- **Équipements électroniques**: Ordinateurs, téléphones, écrans tactiles.

- **Matériaux délicats**: Bois non traité, tissus spéciaux, œuvres d'art.

- **Zones stériles**: Laboratoires, salles blanches, installations médicales.

Principes généraux de nettoyage

- **Utiliser les bons produits**: Choisir des nettoyants adaptés qui n'endommageront pas la surface.

- **Méthodes douces**: Éviter les frottements excessifs ou les outils abrasifs.

- **Sécurité avant tout**: Porter des gants et, si nécessaire, des équipements de protection individuelle.

Nettoyage des équipements électroniques

- **Débranchement**: Toujours débrancher les appareils avant de les nettoyer.

- **Produits adaptés**: Utiliser des lingettes spécialement conçues pour l'électronique ou un chiffon doux légèrement humidifié.

- **Éviter l'humidité excessive**: Ne jamais pulvériser de liquide directement sur l'appareil.

Soins des matériaux délicats

- **Test préalable**: Essayer le produit de nettoyage sur une petite zone peu visible.

- **Produits naturels**: Privilégier les nettoyants doux comme le savon neutre.

- **Techniques spécifiques**: Pour le bois, suivre le grain lors du nettoyage; pour les tissus, consulter les instructions d'entretien.

Entretien des zones stériles

- **Protocoles stricts**: Respecter les procédures établies pour éviter toute contamination.

- **Produits désinfectants appropriés**: Utiliser des désinfectants approuvés pour les environnements stériles.

- **Formation du personnel**: Assurer que tous les employés sont formés aux techniques de nettoyage spécifiques.

Éviter les erreurs courantes

- **Ne pas mélanger les produits**: Certains mélanges peuvent être dangereux ou inefficaces.

- **Éviter les outils inadaptés**: Les éponges abrasives ou les brosses dures peuvent rayer ou endommager les surfaces.

- **Surdosage**: Utiliser la quantité recommandée de produit pour éviter les résidus.

Stockage et manipulation des produits de nettoyage

- **Conservation adéquate**: Garder les produits dans leur emballage d'origine avec les étiquettes visibles.

- **Sécurité**: Stocker les produits hors de portée des personnes non autorisées.

- **Élimination responsable**: Se débarrasser des produits périmés ou inutilisables conformément aux réglementations locales.

Conclusion

Le nettoyage des surfaces sensibles demande une approche informée et délicate. En suivant les meilleures pratiques et en utilisant les produits appropriés, vous pouvez assurer la longévité des équipements et la sécurité de l'environnement de travail.

L'importance de l'hygiène dans le secteur de la restauration

Résumé: Découvrez comment une hygiène impeccable est essentielle dans la restauration pour garantir la sécurité alimentaire et la satisfaction des clients.

Mots-clés: Hygiène, Restauration, Sécurité alimentaire, Satisfaction client

Introduction

Dans le secteur de la restauration, l'hygiène n'est pas seulement une obligation légale, mais aussi un facteur clé de succès. Une hygiène irréprochable garantit non seulement la sécurité alimentaire, mais renforce également la confiance des clients et l'image de marque de l'établissement. Cet article explore l'importance de l'hygiène dans la restauration et offre des conseils pratiques pour maintenir des normes élevées.

Les enjeux de l'hygiène en restauration

Sécurité alimentaire

- **Prévention des intoxications** : Éviter les maladies d'origine alimentaire causées par des bactéries, virus ou parasites.

- **Conformité légale** : Respecter les réglementations sanitaires pour éviter les sanctions et fermetures.

Image de marque

- **Confiance des clients** : Une hygiène visible rassure les clients et les incite à revenir.

- **Avis positifs** : Les clients satisfaits sont plus susceptibles de laisser des commentaires favorables en ligne.

Efficacité opérationnelle

- **Réduction des déchets** : Une bonne gestion de l'hygiène permet de conserver les aliments plus longtemps.

- **Productivité** : Un environnement de travail propre améliore le moral et l'efficacité du personnel.

Principaux aspects de l'hygiène en restauration

Hygiène personnelle du personnel

- **Lavage des mains** : Avant de manipuler les aliments, après être allé aux toilettes ou avoir touché des surfaces sales.

- **Tenue vestimentaire** : Porter des vêtements propres, des tabliers et des coiffes pour éviter la contamination.

- **Santé** : Les employés malades devraient s'abstenir de manipuler les aliments.

Hygiène des locaux et équipements

- **Nettoyage régulier** : Désinfection des surfaces de travail, ustensiles, et équipements de cuisine.

- **Entretien des installations** : Assurer le bon fonctionnement des réfrigérateurs, congélateurs et systèmes de ventilation.

- **Gestion des nuisibles** : Mettre en place des mesures pour prévenir les infestations d'insectes ou de rongeurs.

Manipulation et stockage des aliments

- **Chaîne du froid** : Maintenir les aliments périssables à des températures appropriées.

- **Dates de péremption** : Respecter les dates limites de consommation et pratiquer la rotation des stocks (FIFO).

- **Séparation des aliments** : Éviter la contamination croisée en séparant les aliments crus des aliments cuits.

Mise en place de bonnes pratiques d'hygiène

Formation du personnel

- **Programmes éducatifs** : Former les employés sur les protocoles d'hygiène et les réglementations.

- **Mises à jour régulières** : Organiser des sessions de rappel et informer sur les nouvelles normes.

Procédures écrites

- **Manuel d'hygiène** : Documenter les politiques et procédures à suivre.

- **Check-lists** : Utiliser des listes de contrôle pour s'assurer que toutes les tâches sont effectuées.

Supervision et contrôle

- **Responsable hygiène** : Désigner une personne en charge de veiller au respect des normes.

- **Audits internes** : Effectuer des inspections régulières pour identifier les zones d'amélioration.

Technologies et innovations pour améliorer l'hygiène

- **Équipements automatiques** : Utiliser des lave-vaisselles industriels et des systèmes de nettoyage automatisés.

- **Surveillance numérique** : Implémenter des capteurs pour surveiller les températures et les conditions d'hygiène.

- **Produits écologiques** : Opter pour des produits de nettoyage respectueux de l'environnement.

Conséquences d'une mauvaise hygiène

- **Sanctions légales** : Amendes, fermetures temporaires ou définitives par les autorités sanitaires.

- **Perte de clientèle** : Les clients évitent les établissements ayant une mauvaise réputation.

- **Coûts supplémentaires** : Dépenses liées aux litiges, aux rappels de produits ou à la réhabilitation de l'image.

Conclusion

L'hygiène dans le secteur de la restauration est un élément non négociable qui affecte directement la santé publique, la satisfaction des clients et le succès commercial. En investissant dans des pratiques d'hygiène rigoureuses, les restaurateurs protègent non seulement leurs clients, mais renforcent également la réputation et la viabilité à long terme de leur établissement.

Réduire l'utilisation de produits chimiques nocifs

Résumé: Explorez des alternatives écologiques pour minimiser l'usage de produits chimiques nocifs dans votre environnement professionnel.

Mots-clés: Produits chimiques, Alternatives écologiques, Réduction, Sécurité

Introduction

L'utilisation excessive de produits chimiques nocifs dans les environnements professionnels présente des risques pour la santé des employés et l'environnement. Cet article examine des stratégies pour réduire leur utilisation et adopter des alternatives plus sûres.

Identifier les produits nocifs

- **Inventaire** : Listez tous les produits chimiques utilisés.

- **Analyse des risques** : Évaluez leur impact sur la santé et l'environnement.

Adopter des alternatives écologiques

- **Produits biodégradables** : Optez pour des nettoyants naturels.

- **Technologies vertes** : Utilisez des équipements réduisant la nécessité de produits chimiques.

Former le personnel

- **Sensibilisation** : Éduquez sur les dangers des produits nocifs.

- **Bonnes pratiques** : Enseignez des méthodes de travail sûres.

Conclusion

Réduire l'utilisation de produits chimiques nocifs est bénéfique pour tous. En adoptant des alternatives écologiques, vous créez un environnement plus sain et respectueux de la planète.

L'avenir de la salubrité : tendances et innovations

Résumé: Découvrez les tendances émergentes et les innovations qui façonneront l'avenir de la salubrité.

Mots-clés: Salubrité, Tendances, Innovations, Futur

Introduction

Le secteur de la salubrité évolue rapidement grâce aux avancées technologiques. Cet article explore les tendances et innovations qui définiront l'avenir de l'industrie.

Technologies émergentes

- **Intelligence artificielle** : Optimisation des protocoles de nettoyage.

- **Robots autonomes** : Automatisation des tâches répétitives.

Durabilité environnementale

- **Produits écologiques** : Accent sur les solutions non toxiques.

- **Gestion des déchets** : Recyclage et réduction des déchets à la source.

Santé et bien-être

- **Qualité de l'air intérieur** : Systèmes de purification avancés.

- **Hygiène personnelle** : Innovations dans les EPI.

Conclusion

L'avenir de la salubrité sera marqué par l'intégration de technologies innovantes et une conscience environnementale accrue, améliorant l'efficacité et la sécurité.

Guide complet du nettoyage des équipements industriels

Résumé: Un guide détaillé pour assurer le nettoyage efficace et sûr des équipements industriels.

Mots-clés: Nettoyage, Équipements industriels, Guide, Sécurité

Introduction

Le nettoyage des équipements industriels est essentiel pour maintenir leur performance et assurer la sécurité. Ce guide offre des conseils pratiques pour un entretien optimal.

Évaluation des besoins

- **Type d'équipement** : Identifier les spécificités.

- **Fréquence** : Déterminer un calendrier de nettoyage.

Méthodes de nettoyage

- **Nettoyage mécanique** : Utilisation de brosses et outils spécialisés.

- **Nettoyage chimique** : Choix de produits adaptés et sûrs.

Sécurité.

- **Équipements de protection** : Casques, gants, lunettes.

- **Protocoles** : Suivre les procédures pour éviter les accidents.

Conclusion

Un nettoyage rigoureux des équipements industriels prolonge leur durée de vie et garantit un environnement de travail sûr et efficace.

Impact des produits de nettoyage sur la santé des employés

Résumé: Analyse approfondie des effets des produits de nettoyage sur la santé des employés et des mesures pour minimiser les risques.

Mots-clés: Santé des employés, Produits de nettoyage, Risques chimiques, Sécurité au travail

Introduction

Les produits de nettoyage sont indispensables pour maintenir un environnement de travail propre et hygiénique. Cependant, leur utilisation peut présenter des risques pour la santé des employés qui les manipulent quotidiennement. Cet article examine les impacts potentiels des produits de nettoyage sur la santé des travailleurs et propose des solutions pour réduire ces risques tout en maintenant des normes élevées de propreté.

Les risques associés aux produits de nettoyage

Exposition aux substances chimiques nocives

De nombreux produits de nettoyage contiennent des substances chimiques potentiellement dangereuses, telles que les solvants, les acides, les alcalis et les composés organiques volatils (COV). L'exposition à ces substances peut se produire par inhalation, contact cutané ou ingestion accidentelle.

- **Inhalation**: Les vapeurs et les aérosols peuvent irriter les voies respiratoires, provoquer de la toux, de l'asthme ou d'autres troubles pulmonaires.

- **Contact cutané**: Le contact direct avec la peau peut entraîner des irritations, des dermatites ou des réactions allergiques.

- **Ingestion**: Bien que rare, l'ingestion accidentelle peut causer des brûlures internes et des intoxications graves.

Effets à long terme sur la santé

Une exposition répétée ou prolongée aux produits chimiques peut entraîner des conséquences à long terme, notamment:

- **Troubles neurologiques**: Certains solvants peuvent affecter le système nerveux central.

- **Cancer**: L'exposition à des agents cancérigènes peut augmenter le risque de développer certains types de cancer.

- **Perturbations hormonales**: Certains composés peuvent agir comme des perturbateurs endocriniens.

Mesures pour minimiser les risques

Sélection de produits plus sûrs

- **Produits écologiques**: Opter pour des produits certifiés écologiques, exempts de substances toxiques.

- **Étiquetage clair**: Choisir des produits avec des étiquettes détaillées indiquant les risques et les précautions d'utilisation.

- **Substituts naturels**: Utiliser des alternatives naturelles comme le vinaigre blanc, le bicarbonate de soude ou les huiles essentielles.

Formation et sensibilisation du personnel

- **Programmes de formation**: Former les employés sur les dangers des produits chimiques et les bonnes pratiques de manipulation.

- **Fiches de données de sécurité (FDS)**: Fournir et expliquer les FDS pour chaque produit utilisé.

- **Signalisation**: Afficher des panneaux rappelant les consignes de sécurité dans les zones de stockage et d'utilisation.

Utilisation d'équipements de protection individuelle (EPI)

- **Gants**: Porter des gants résistants aux produits chimiques pour protéger la peau.

- **Protection respiratoire**: Utiliser des masques ou des respirateurs adaptés pour éviter l'inhalation de vapeurs nocives.

- **Lunettes de sécurité**: Protéger les yeux contre les éclaboussures et les vapeurs irritantes.

- **Vêtements de protection**: Porter des tabliers ou des combinaisons pour éviter le contact avec les vêtements personnels.

Amélioration de la ventilation

- **Aération naturelle**: Ouvrir les fenêtres et les portes pour permettre une circulation d'air frais.

- **Systèmes de ventilation mécanique**: Installer des hottes d'extraction ou des systèmes de ventilation pour éliminer les vapeurs.

- **Maintenance régulière**: Assurer l'entretien des systèmes de ventilation pour une efficacité optimale.

Procédures de stockage et de manipulation sécuritaires

- **Stockage approprié**: Conserver les produits dans des contenants fermés, étiquetés et dans des zones bien ventilées.

- **Quantités minimales**: Ne stocker que les quantités nécessaires pour réduire les risques en cas de déversement.

- **Séparation des produits**: Garder les substances incompatibles séparées pour éviter les réactions dangereuses.

Promotion d'une culture de sécurité

- **Engagement de la direction**: Les dirigeants doivent montrer l'exemple et soutenir activement les initiatives de sécurité.

- **Communication ouverte**: Encourager les employés à signaler les incidents ou les conditions dangereuses sans crainte de représailles.

- **Audits réguliers**: Effectuer des inspections pour identifier les risques et mettre en œuvre des améliorations.

Conclusion

Assurer la santé et la sécurité des employés est une responsabilité majeure pour toute entreprise. En adoptant des pratiques sécuritaires dans l'utilisation des produits de nettoyage, les employeurs peuvent prévenir les problèmes de santé, améliorer le bien-être des travailleurs et favoriser un environnement de travail plus sain. Investir dans la formation, les équipements de protection et des produits plus sûrs est non seulement bénéfique pour les employés, mais aussi pour la productivité et la réputation de l'entreprise.

Hygiène hospitalière : réduire les infections nosocomiales

Résumé: Stratégies essentielles pour renforcer l'hygiène hospitalière et diminuer les infections nosocomiales pour la sécurité des patients.

Mots-clés: Hygiène hospitalière, Infections nosocomiales, Sécurité des patients, Contrôle des infections

Introduction

Les infections nosocomiales, contractées au sein des établissements de santé, représentent un défi majeur pour le système de santé mondial. Elles affectent non seulement la santé des patients, mais augmentent également les coûts médicaux et prolongent les séjours hospitaliers. Cet article explore les mesures clés pour améliorer l'hygiène hospitalière et réduire efficacement les infections nosocomiales.

Comprendre les infections nosocomiales

Qu'est-ce qu'une infection nosocomiale ?

Une infection nosocomiale est une infection acquise par un patient lors de son séjour à l'hôpital ou dans un autre établissement de soins, qui n'était ni présente ni en incubation au moment de son admission.

Facteurs de risque

- **Systèmes immunitaires affaiblis**: Les patients vulnérables sont plus susceptibles de contracter des infections.

- **Procédures invasives**: Cathéters, sondes et interventions chirurgicales augmentent le risque.

- **Résistance aux antibiotiques**: L'usage excessif d'antibiotiques a conduit à l'émergence de bactéries résistantes.

Mesures pour renforcer l'hygiène hospitalière

Hygiène des mains

- **Technique appropriée**: Se laver les mains avec du savon et de l'eau pendant au moins 20 secondes.

- **Désinfection**: Utiliser des solutions hydroalcooliques en complément du lavage des mains.

- **Moments clés**: Avant et après le contact avec un patient, avant les procédures aseptiques, après l'exposition à des liquides biologiques.

Stérilisation et désinfection des équipements

- **Stérilisation**: Utiliser des autoclaves pour stériliser les instruments chirurgicaux.

- **Désinfection**: Nettoyer les équipements non invasifs avec des désinfectants approuvés.

- **Contrôle de qualité**: Effectuer des tests réguliers pour s'assurer de l'efficacité des processus de stérilisation.

Nettoyage des surfaces et de l'environnement

- **Planification**: Établir un calendrier de nettoyage régulier pour toutes les zones.

- **Produits adaptés**: Utiliser des détergents et désinfectants efficaces contre les agents pathogènes hospitaliers.

- **Formation du personnel**: Former les agents d'entretien aux techniques de nettoyage spécifiques aux environnements de soins.

Contrôle de la qualité de l'air

- **Systèmes de filtration**: Installer des filtres HEPA dans les zones critiques comme les salles d'opération.

- **Pression d'air positive/négative**: Utiliser des chambres à pression contrôlée pour éviter la propagation des agents infectieux.

Gestion des déchets médicaux

- **Séparation des déchets**: Classifier les déchets en fonction de leur dangerosité.

- **Élimination sécurisée**: Utiliser des conteneurs appropriés pour les objets tranchants et les déchets biologiques.

- **Respect des réglementations**: Se conformer aux lois locales et nationales sur la gestion des déchets médicaux.

Formation et sensibilisation du personnel

- **Programmes éducatifs**: Offrir une formation continue sur les protocoles d'hygiène et de prévention des infections.

- **Culture de sécurité**: Encourager une attitude proactive envers la prévention des infections.

- **Responsabilité individuelle**: Chaque membre du personnel doit comprendre son rôle dans le maintien d'un environnement sûr.

Implication des patients et des visiteurs

- **Éducation**: Informer les patients sur les mesures d'hygiène qu'ils peuvent prendre.

- **Politiques pour les visiteurs**: Limiter les visites en cas d'épidémie et fournir des instructions claires sur les pratiques d'hygiène.

Surveillance et gestion des infections

- **Système de surveillance**: Collecter des données sur les infections pour identifier les tendances.

- **Analyse des incidents**: Enquêter sur les cas d'infections nosocomiales pour déterminer les causes et prévenir leur récurrence.

- **Comités de contrôle des infections**: Créer des équipes multidisciplinaires pour coordonner les efforts.

Conclusion

La réduction des infections nosocomiales est une priorité pour assurer la sécurité des patients et l'efficacité des soins de santé. En renforçant les pratiques d'hygiène hospitalière, en formant le personnel et en impliquant tous les acteurs, il est possible de diminuer significativement le taux d'infections. Ces efforts contribuent non seulement à la santé des patients, mais améliorent également la confiance dans le système de santé.

La salubrité dans le secteur de la restauration

Résumé: Guide complet pour maintenir une salubrité optimale dans les restaurants et assurer la sécurité alimentaire des clients.

Mots-clés: Salubrité, Restauration, Sécurité alimentaire, Normes d'hygiène

Introduction

La salubrité est un aspect fondamental du secteur de la restauration. Les établissements ont la responsabilité de fournir des aliments sûrs et de haute qualité à leurs clients. Une mauvaise gestion de la salubrité peut entraîner des intoxications alimentaires, nuire à la réputation de l'établissement et entraîner des sanctions légales. Ce guide offre des conseils pratiques pour assurer une salubrité exemplaire dans votre restaurant.

Principes fondamentaux de la sécurité alimentaire

1. Contrôle des températures

- **Réfrigération**: Conserver les aliments périssables à une température de 4°C ou moins.

- **Congélation**: Maintenir les aliments congelés à -18°C.

- **Cuisson**: Atteindre des températures internes spécifiques pour différents types d'aliments (par exemple, 74°C pour la volaille).

- **Maintien au chaud**: Garder les aliments cuits à une température de 60°C ou plus pour prévenir la prolifération bactérienne.

2. Prévention de la contamination croisée

- **Séparation des aliments**: Utiliser des zones de préparation distinctes pour les aliments crus et cuits.

- **Ustensiles dédiés**: Employer des planches à découper et des couteaux spécifiques pour chaque type d'aliment.

- **Hygiène des mains**: Se laver les mains entre chaque manipulation d'aliments différents.

3. Hygiène du personnel

- **Formation**: Former le personnel sur les bonnes pratiques d'hygiène et les procédures de sécurité alimentaire.

- **Uniformes propres**: Exiger le port de vêtements propres, de couvre-chefs et, si nécessaire, de gants.

- **Santé**: Établir des politiques pour que les employés malades restent à la maison.

Nettoyage et désinfection

Planification et protocoles

- **Calendrier de nettoyage**: Établir un planning détaillé pour le nettoyage régulier des équipements, des surfaces et des installations.

- **Procédures standardisées**: Documenter les méthodes de nettoyage pour assurer la cohérence.

- **Vérification**: Effectuer des inspections régulières pour s'assurer que les normes sont respectées.

Choix des produits

- **Produits adaptés**: Utiliser des détergents et désinfectants approuvés pour l'usage alimentaire.

- **Stockage sécurisé**: Conserver les produits de nettoyage loin des zones de préparation des aliments.

Gestion des fournisseurs

- **Sélection rigoureuse**: Choisir des fournisseurs réputés pour la qualité et la sécurité de leurs produits.

- **Contrôles à la réception**: Vérifier la fraîcheur, la température et l'intégrité des produits à leur arrivée.

- **Traçabilité**: Maintenir des enregistrements pour pouvoir retracer l'origine des aliments en cas de problème.

Gestion des déchets et lutte contre les nuisibles

- **Élimination des déchets**: Retirer régulièrement les déchets des zones de préparation et les stocker dans des conteneurs fermés.

- **Prévention des nuisibles**: Sceller les fissures et les ouvertures, installer des moustiquaires et des pièges si nécessaire.

- **Contrats professionnels**: Envisager de travailler avec des services de lutte antiparasitaire pour des inspections régulières.

Conformité aux réglementations

- **Normes locales**: Se conformer aux lois et règlements en vigueur dans votre région.

- **Certifications**: Envisager d'obtenir des certifications comme HACCP pour démontrer votre engagement envers la sécurité alimentaire.

- **Audits externes**: Accueillir des inspections de santé publique et prendre en compte les recommandations.

Communication avec les clients

- **Menus clairs**: Indiquer clairement les allergènes potentiels et les options pour les régimes spéciaux.

- **Transparence**: Être ouvert sur les pratiques d'hygiène et de sécurité alimentaire peut renforcer la confiance des clients.

- **Gestion des plaintes**: Traiter rapidement et efficacement toute plainte relative à la salubrité.

Formation continue et amélioration

- **Mises à jour régulières**: Rester informé des nouvelles réglementations et des meilleures pratiques.

- **Feedback du personnel**: Encourager les employés à proposer des améliorations.

- **Investissement dans l'équipement**: Remplacer ou mettre à jour les équipements pour améliorer l'efficacité et la sécurité.

Conclusion

Assurer une salubrité irréprochable dans le secteur de la restauration est essentiel pour protéger la santé des clients et le succès de l'entreprise. En adoptant des pratiques strictes en matière de sécurité alimentaire, en formant le personnel et en respectant les réglementations, les restaurateurs peuvent offrir une expérience culinaire sûre et agréable. La salubrité n'est pas seulement une obligation légale, mais aussi un engagement envers vos clients et votre communauté.

Protocoles de nettoyage pendant la saison de la grippe

Résumé: Adoptez des protocoles de nettoyage renforcés pendant la saison de la grippe pour protéger vos employés et maintenir un environnement de travail sain.

Mots-clés: Nettoyage, Saison de la grippe, Protocoles, Santé au travail

Introduction

La saison de la grippe représente un défi majeur pour les entreprises, avec un risque accru d'absentéisme et de baisse de productivité. Les virus de la grippe se propagent rapidement dans les espaces clos, surtout lorsque les protocoles de nettoyage ne sont pas adaptés. Cet article propose des stratégies efficaces pour renforcer les protocoles de nettoyage pendant cette période critique, afin de protéger la santé de vos employés et assurer la continuité de vos activités.

Comprendre la propagation du virus de la grippe

Modes de transmission

- **Gouttelettes respiratoires**: Éternuements, toux et parole diffusent des gouttelettes contenant le virus.

- **Contact avec des surfaces contaminées**: Le virus peut survivre plusieurs heures sur les surfaces fréquemment touchées.

- **Transmission interpersonnelle**: Le contact étroit entre individus facilite la propagation.

Surfaces à haut risque

- **Poignées de porte**
- **Interrupteurs**
- **Claviers et souris**
- **Téléphones**
- **Espaces communs comme les salles de réunion et les cafétérias**

Renforcer les protocoles de nettoyage

Augmenter la fréquence de nettoyage

- **Nettoyage quotidien**: Assurer un nettoyage quotidien des surfaces fréquemment touchées.

- **Désinfection régulière**: Utiliser des désinfectants efficaces contre les virus pour éliminer les agents pathogènes.

Utilisation de produits adaptés

- **Désinfectants approuvés**: Choisir des produits reconnus pour leur efficacité contre les virus de la grippe.

- **Temps de contact**: Respecter le temps de contact recommandé pour une efficacité maximale.

- **Sécurité**: S'assurer que les produits utilisés sont sans danger pour les employés et l'environnement.

Formation du personnel de nettoyage

- **Techniques appropriées**: Former sur les méthodes de nettoyage et de désinfection efficaces.

- **Équipements de protection individuelle (EPI)**: Porter des gants, des masques et, si nécessaire, des blouses pour se protéger.

- **Hygiène personnelle**: Encourager le lavage des mains après chaque session de nettoyage.

Impliquer tous les employés

Hygiène des mains

- **Stations de désinfection**: Installer des distributeurs de gel hydroalcoolique à des endroits stratégiques.

- **Affichage informatif**: Placer des affiches rappelant l'importance du lavage des mains.

Étiquette respiratoire

- **Couvrir la bouche et le nez**: Utiliser un mouchoir ou le pli du coude lors de la toux ou des éternuements.

- **Mouchoirs jetables**: Fournir des mouchoirs en papier et des poubelles fermées pour leur élimination.

Politiques de congé maladie

- **Encourager le repos**: Inciter les employés malades à rester chez eux pour éviter la contamination.

- **Télétravail**: Offrir des options de travail à distance lorsque possible.

Améliorer la qualité de l'air intérieur

Ventilation

- **Systèmes HVAC**: Maintenir et nettoyer régulièrement les systèmes de chauffage, ventilation et climatisation.

- **Aération naturelle**: Ouvrir les fenêtres pour renouveler l'air lorsque les conditions le permettent.

Purificateurs d'air

- **Filtres HEPA**: Installer des purificateurs équipés de filtres HEPA pour éliminer les particules virales.

Surveillance et communication

Suivi des absences

- **Identifier les tendances**: Repérer rapidement une augmentation des absences liées à la grippe.

- **Intervention rapide**: Renforcer les mesures de nettoyage si nécessaire.

Informer le personnel

- **Mises à jour régulières**: Communiquer sur l'évolution de la situation et les mesures prises.

- **Éducation**: Fournir des ressources sur la prévention de la grippe.

Conclusion

La saison de la grippe nécessite une vigilance accrue en matière de nettoyage et de prévention. En mettant en place des protocoles renforcés et en impliquant l'ensemble du personnel, les entreprises peuvent réduire significativement le risque de propagation du virus. Ces efforts contribuent à maintenir un environnement de travail sain, à protéger la santé des employés et à assurer la continuité des activités pendant cette période difficile.

Utilisation efficace des équipements de protection individuelle

Résumé: Maximisez la sécurité au travail en utilisant correctement les équipements de protection individuelle grâce à des conseils pratiques et des formations adaptées.

Mots-clés: Équipements de protection individuelle, Sécurité au travail, EPI, Utilisation efficace

Introduction

Les équipements de protection individuelle (EPI) sont essentiels pour assurer la sécurité des employés dans de nombreux secteurs d'activité. Qu'il s'agisse de gants, de casques, de lunettes de protection ou de masques, une utilisation efficace des EPI peut prévenir les blessures et les maladies professionnelles. Cet article explore les meilleures pratiques pour sélectionner, utiliser et entretenir les EPI afin de maximiser leur efficacité.

Importance des EPI

Protection contre les risques

- **Physiques**: Chutes, coupures, impacts.

- **Chimiques**: Exposition à des substances dangereuses.

- **Biologiques**: Virus, bactéries, agents pathogènes.

- **Ergonomiques**: Prévention des troubles musculosquelettiques.

Conformité légale

- **Réglementations**: Les lois du travail imposent l'utilisation d'EPI dans certaines situations.

- **Responsabilité de l'employeur**: Fournir les EPI nécessaires et assurer leur utilisation correcte.

Sélection des EPI appropriés

Évaluation des risques

- **Analyse du poste de travail**: Identifier les dangers.

- **Consultation des employés**: Impliquer le personnel pour une meilleure compréhension des besoins.

Critères de choix

- **Normes et certifications**: Vérifier que les EPI sont conformes aux normes en vigueur.

- **Adaptabilité**: Choisir des équipements ajustables et confortables.

- **Compatibilité**: S'assurer que différents EPI peuvent être portés ensemble sans interférer.

Formation et sensibilisation

Programmes de formation

- **Utilisation correcte**: Enseigner comment mettre, ajuster et enlever les EPI.

- **Limitations des EPI**: Expliquer ce que les EPI ne peuvent pas faire pour éviter une fausse impression de sécurité.

- **Entretien et stockage**: Montrer comment nettoyer et ranger les EPI pour prolonger leur durée de vie.

Documentation

- **Manuels d'utilisation**: Fournir des guides clairs et accessibles.

- **Affichages**: Placer des instructions visuelles dans les zones de travail.

Utilisation correcte des EPI

Mise en place

- **Inspection avant usage**: Vérifier l'état de l'EPI pour détecter tout dommage.

- **Ajustement**: S'assurer que l'EPI est bien ajusté pour offrir une protection maximale.

Pendant le travail

- **Respect des protocoles**: Ne pas modifier ou enlever les EPI pendant l'exposition aux risques.

- **Communication**: Signaler tout inconfort ou problème avec les EPI à la direction.

Après l'utilisation

- **Retrait en toute sécurité**: Enlever les EPI sans contaminer les zones propres ou soi-même.

- **Nettoyage**: Nettoyer les EPI réutilisables conformément aux instructions.

Entretien et remplacement des EPI

Maintenance régulière

- **Nettoyage approprié**: Utiliser les méthodes recommandées pour chaque type d'EPI.

- **Stockage**: Conserver les EPI dans des conditions adéquates pour éviter leur détérioration.

Remplacement

- **Périodicité**: Certains EPI ont une durée de vie limitée et doivent être remplacés régulièrement.

- **Signes d'usure**: Remplacer immédiatement les EPI endommagés ou défectueux.

Engagement de l'employeur et du personnel

Culture de sécurité

- **Exemplarité**: Les superviseurs doivent montrer l'exemple en utilisant eux-mêmes les EPI.

- **Encouragement**: Reconnaître et valoriser le respect des pratiques sécuritaires.

Responsabilisation

- **Responsabilité individuelle**: Chaque employé est responsable de sa propre sécurité.

- **Sanctions**: Établir des conséquences pour le non-respect des procédures de sécurité.

Conclusion

L'utilisation efficace des équipements de protection individuelle est un élément clé pour assurer la sécurité au travail. En sélectionnant les EPI appropriés, en formant le personnel et en instaurant une culture de sécurité, les entreprises peuvent réduire considérablement les risques d'accidents et de maladies professionnelles. Investir dans les EPI et leur utilisation correcte est non seulement une obligation légale, mais aussi un engagement envers le bien-être des employés.

Erreurs courantes en matière de nettoyage et comment les éviter

Résumé: Identifiez les erreurs les plus fréquentes lors du nettoyage et découvrez des solutions pratiques pour améliorer l'efficacité et la sécurité de vos procédures d'entretien.

Mots-clés: Nettoyage, Erreurs courantes, Efficacité, Sécurité, Bonnes pratiques

Introduction

Le nettoyage est une activité essentielle pour maintenir un environnement sain et sécuritaire, que ce soit à la maison, au travail ou dans les espaces publics. Cependant, des erreurs courantes peuvent compromettre l'efficacité du nettoyage et même présenter des risques pour la santé. Cet article met en lumière les erreurs les plus fréquentes en matière de nettoyage et propose des conseils pour les éviter.

Erreur 1 : Utiliser le mauvais produit pour la tâche

Problèmes associés

- **Inefficacité**: Le produit ne nettoie pas correctement la surface ou l'objet.

- **Dommages matériels**: Le produit peut endommager les surfaces délicates.

- **Risques pour la santé**: Utiliser des produits inadaptés peut libérer des substances nocives.

Comment l'éviter

- **Lire les étiquettes**: Comprendre les indications et les usages recommandés.

- **Tester sur une petite zone**: Avant d'appliquer un nouveau produit, tester sur une surface peu visible.

- **Connaître les surfaces**: Identifier le type de surface (bois, verre, acier, etc.) pour choisir le produit adéquat.

Erreur 2 : Ne pas respecter les dosages recommandés

Problèmes associés

- **Surdosage**: Peut laisser des résidus, endommager les surfaces et représenter un gaspillage.

- **Sous-dosage**: Le nettoyage est insuffisant, laissant les germes et la saleté.

Comment l'éviter

- **Suivre les instructions**: Utiliser les quantités recommandées par le fabricant.

- **Utiliser des outils de mesure**: Employer des bouchons doseurs, des tasses ou des seringues pour un dosage précis.

Erreur 3 : Mélanger des produits incompatibles

Problèmes associés

- **Réactions chimiques dangereuses**: Certains mélanges peuvent libérer des gaz toxiques (par exemple, eau de Javel et ammoniaque).

- **Perte d'efficacité**: Les produits peuvent s'annuler mutuellement.

Comment l'éviter

- **Éviter les mélanges**: N'utiliser qu'un seul produit à la fois.

- **Connaître les incompatibilités**: Se renseigner sur les produits qui ne doivent jamais être combinés.

Erreur 4 : Négliger les équipements de protection individuelle

Problèmes associés

- **Exposition aux produits chimiques**: Risques d'irritations, d'allergies ou d'intoxications.

- **Blessures physiques**: Coupures, brûlures ou projections dans les yeux.

Comment l'éviter

- **Porter des EPI**: Utiliser des gants, des lunettes de protection et des masques si nécessaire.

- **Former le personnel**: Sensibiliser aux risques et aux mesures de protection.

Erreur 5 : Nettoyer du haut vers le bas

Problèmes associés

- **Redéposition de la saleté**: La poussière et les débris tombent sur les surfaces déjà nettoyées.

- **Perte de temps**: Nécessité de recommencer certaines tâches.

Comment l'éviter

- **Méthode du haut vers le bas**: Commencer par les surfaces élevées (étagères, luminaires) et finir par les sols.

Erreur 6 : Utiliser des outils sales

Problèmes associés

- **Propagation des germes**: Les chiffons ou éponges sales peuvent contaminer les surfaces.

- **Efficacité réduite**: Les outils encrassés nettoient moins bien.

Comment l'éviter

- **Entretien régulier**: Laver ou remplacer les chiffons, éponges et serpillières après chaque utilisation.

- **Stockage adéquat**: Garder les outils propres dans un endroit sec et propre.

Erreur 7 : Ignorer les temps de contact des désinfectants

Problèmes associés

- **Désinfection insuffisante**: Les germes ne sont pas éliminés si le produit est essuyé trop rapidement.

- **Gaspillage de produit**: Utilisation inefficace du désinfectant.

Comment l'éviter

- **Respecter les temps de contact**: Laisser le désinfectant agir pendant la durée recommandée.

- **Lire les instructions**: Chaque produit a des spécificités qu'il faut suivre attentivement.

Erreur 8 : Oublier les zones difficiles d'accès

Problèmes associés

- **Accumulation de saleté**: Les coins, recoins et dessous de meubles peuvent devenir des nids à germes.

- **Infestations**: Les zones négligées peuvent attirer les nuisibles.

Comment l'éviter

- **Planifier le nettoyage**: Inclure les zones difficiles dans le programme de nettoyage.

- **Utiliser des outils adaptés**: Brosses à long manche, embouts spécifiques pour aspirateurs.

Erreur 9 : Nettoyer sans ventilation adéquate

Problèmes associés

- **Inhalation de vapeurs**: Risques pour la santé respiratoire.

- **Accumulation de gaz**: Peut conduire à des atmosphères dangereuses.

Comment l'éviter

- **Aérer les espaces**: Ouvrir les fenêtres et les portes.

- **Utiliser des ventilateurs**: Pour améliorer la circulation de l'air.

Conclusion

Éviter ces erreurs courantes en matière de nettoyage permet non seulement d'assurer un environnement propre et sain, mais aussi de protéger la santé des personnes et de prolonger la durée de vie des surfaces et des équipements. En adoptant des pratiques de nettoyage réfléchies et informées, il est possible d'améliorer l'efficacité des efforts déployés et de créer des espaces plus agréables et sécuritaires pour tous.

Gestion de la salubrité en temps de pandémie

Résumé: Stratégies essentielles pour maintenir une salubrité optimale en entreprise pendant une pandémie et protéger la santé de tous.

Mots-clés: Salubrité, Pandémie, Gestion, Santé au travail

Introduction

La pandémie mondiale a mis en lumière l'importance cruciale de la salubrité dans les environnements professionnels. Les entreprises doivent adopter des mesures exceptionnelles pour assurer la sécurité de leurs employés, clients et partenaires. Cet article explore les stratégies efficaces pour gérer la salubrité en temps de pandémie, en mettant l'accent sur les meilleures pratiques pour prévenir la propagation des maladies infectieuses.

Comprendre les défis spécifiques d'une pandémie

Propagation rapide des agents pathogènes

- **Transmission communautaire** : Les virus peuvent se propager rapidement dans les espaces clos.

- **Porteurs asymptomatiques** : Des individus sans symptômes peuvent transmettre la maladie.

Impact sur les opérations commerciales

- **Absences du personnel** : Maladie ou quarantaine peuvent réduire la main-d'œuvre disponible.

- **Perturbations de la chaîne d'approvisionnement** : Difficultés à obtenir des fournitures essentielles.

Mettre en place un plan de salubrité renforcé

Évaluation des risques

- **Identifier les zones critiques** : Espaces partagés, points de contact fréquents.

- **Analyser les processus** : Comprendre comment les activités pourraient favoriser la transmission.

Mesures de prévention

- **Nettoyage et désinfection accrus** : Augmenter la fréquence des nettoyages, utiliser des désinfectants efficaces contre le virus en question.

- **Équipement de protection individuelle (EPI)** : Fournir des masques, gants, et autres EPI nécessaires.

- **Barrières physiques** : Installer des écrans de protection aux comptoirs, espacer les postes de travail.

Promouvoir les bonnes pratiques d'hygiène

Hygiène des mains

- **Stations de lavage** : Installer des lavabos supplémentaires ou des distributeurs de gel hydroalcoolique.

- **Affichage** : Afficher des instructions sur le lavage des mains efficace.

Étiquette respiratoire

- **Sensibilisation** : Encourager à couvrir la bouche et le nez en cas de toux ou d'éternuement.

- **Mouchoirs jetables** : Mettre à disposition des mouchoirs et des poubelles fermées.

Adapter les politiques de travail

Télétravail

- **Flexibilité** : Permettre aux employés de travailler à distance lorsque possible.

- **Outils numériques** : Fournir les technologies nécessaires pour maintenir la productivité.

Horaires décalés

- **Réduction de l'affluence** : Échelonner les heures de travail pour limiter le nombre de personnes présentes simultanément.

Communication transparente et régulière

Mises à jour fréquentes

- **Informer sur les mesures prises** : Partager les actions mises en place pour assurer la sécurité.

- **Évolution de la situation** : Tenir les employés informés des changements liés à la pandémie.

Canaux de communication

- **Plateformes internes** : Utiliser des courriels, intranets ou applications dédiées.

- **Réunions virtuelles** : Organiser des sessions d'information en ligne.

Former le personnel aux nouvelles procédures

Programmes de formation

- **Procédures de nettoyage** : Former les équipes sur les protocoles renforcés.

- **Utilisation des EPI** : Enseigner le port correct et l'élimination sécuritaire des équipements.

Sensibilisation aux symptômes

- **Reconnaître les signes** : Informer sur les symptômes courants de la maladie.

- **Procédure en cas de malaise** : Expliquer les étapes à suivre si un employé se sent malade.

Collaborer avec les autorités sanitaires

Conformité réglementaire

- **Respect des directives** : Suivre les recommandations des organismes de santé publique.

- **Signalement** : Informer les autorités en cas de cas confirmés au sein de l'entreprise.

Accès à l'information

- **Sources officielles** : S'appuyer sur des informations fiables pour guider les décisions.

Conclusion

La gestion de la salubrité en temps de pandémie nécessite une approche proactive et coordonnée. En renforçant les protocoles de nettoyage, en adaptant les politiques de travail et en communiquant efficacement, les entreprises peuvent créer un environnement sûr pour tous. Ces mesures contribuent non seulement à la santé publique, mais aussi à la résilience et à la continuité des activités de l'entreprise.

Comment établir un plan d'hygiène pour votre entreprise

Résumé: Guide étape par étape pour créer un plan d'hygiène efficace, assurant la propreté et la sécurité au sein de votre entreprise.

Mots-clés: Plan d'hygiène, Entreprise, Propreté, Sécurité

Introduction

Un plan d'hygiène bien conçu est essentiel pour maintenir un environnement de travail sain et conforme aux réglementations. Il permet de structurer les activités de nettoyage, de définir les responsabilités et d'assurer une efficacité optimale. Cet article présente les étapes clés pour établir un plan d'hygiène adapté aux besoins spécifiques de votre entreprise.

Étape 1 : Évaluer les besoins de votre entreprise

Analyse des locaux

- **Cartographier les zones** : Bureaux, salles de réunion, sanitaires, zones de production.

- **Identifier les surfaces critiques** : Points de contact fréquents, équipements sensibles.

Identification des risques

- **Risques sanitaires** : Présence de substances dangereuses, risques de contamination.

- **Conformité réglementaire** : Exigences légales spécifiques à votre secteur.

Étape 2 : Définir les objectifs du plan d'hygiène

Objectifs généraux

- **Maintenir la propreté** : Assurer un niveau de propreté constant.

- **Prévenir les infections** : Réduire la propagation des maladies.

Objectifs spécifiques

- **Respect des normes** : Se conformer aux normes ISO, HACCP, ou autres certifications.

- **Satisfaction des employés et clients** : Créer un environnement agréable et sûr.

Étape 3 : Élaborer les procédures de nettoyage

Fréquence des tâches

- **Quotidien** : Nettoyage des sols, désinfection des poignées de porte.

- **Hebdomadaire** : Nettoyage des vitres, dépoussiérage des surfaces hautes.

- **Mensuel** : Entretien des systèmes de ventilation, nettoyage en profondeur.

Méthodes et produits

- **Choix des produits** : Sélectionner des produits adaptés et écologiques si possible.

- **Techniques de nettoyage** : Définir les méthodes pour chaque tâche (balayage, aspiration, désinfection).

Étape 4 : Attribuer les responsabilités

Personnel interne ou externe

- **Équipe interne** : Former le personnel dédié au nettoyage.

- **Sous-traitance** : Faire appel à une entreprise spécialisée.

Définition des rôles

- **Responsable hygiène** : Supervise la mise en œuvre du plan.

- **Agents de nettoyage** : Exécutent les tâches quotidiennes.

Étape 5 : Former le personnel

Programmes de formation

- **Procédures de nettoyage** : Enseigner les méthodes et l'utilisation des équipements.

- **Sécurité au travail** : Former sur les risques et les mesures de prévention.

Sensibilisation

- **Hygiène personnelle** : Encourager les bonnes pratiques parmi tous les employés.

- **Éco-responsabilité** : Promouvoir l'utilisation rationnelle des ressources.

Étape 6 : Mettre en place un calendrier et des check-lists

Calendrier des tâches

- **Planification** : Organiser les tâches en fonction des horaires de travail pour minimiser les perturbations.

- **Saisonnalité** : Adapter le plan en fonction des saisons ou des événements spécifiques.

Check-lists

- **Suivi des tâches** : Utiliser des listes pour s'assurer que toutes les tâches sont effectuées.

- **Contrôle de qualité** : Vérifier régulièrement la qualité du travail effectué.

Étape 7 : Prévoir les ressources nécessaires

Équipements

- **Matériel de nettoyage** : Aspirateurs, balais, chariots de nettoyage.

- **Produits** : Détergents, désinfectants, consommables.

Budget

- **Estimation des coûts** : Inclure les salaires, les fournitures et les formations.

- **Optimisation** : Chercher des solutions pour réduire les coûts sans compromettre la qualité.

Étape 8 : Évaluer et améliorer le plan

Feedback

- **Collecte des avis** : Solliciter les retours des employés et des clients.

- **Analyse des incidents** : Examiner les problèmes survenus pour apporter des corrections.

Mise à jour régulière

- **Adaptation** : Modifier le plan en fonction des changements dans l'entreprise.

- **Innovations** : Intégrer de nouvelles technologies ou méthodes de nettoyage.

Conclusion

Établir un plan d'hygiène efficace est un investissement qui favorise la santé, la sécurité et le bien-être au sein de votre entreprise. En suivant ces étapes, vous pouvez créer un plan sur mesure qui répond aux besoins spécifiques de votre organisation, tout en respectant les normes les plus élevées en matière de propreté et de sécurité.

L'importance de la qualité de l'air intérieur

Résumé: Découvrez pourquoi la qualité de l'air intérieur est cruciale pour la santé et la productivité, et comment l'améliorer dans votre environnement.

Mots-clés: Qualité de l'air intérieur, Santé, Productivité, Environnement de travail

---

Introduction

La qualité de l'air intérieur (QAI) est un facteur souvent négligé, mais qui a un impact significatif sur la santé, le confort et la productivité des individus. Dans des espaces clos tels que les bureaux, les écoles ou les habitations, l'air peut être plus pollué qu'à l'extérieur en raison de diverses sources de contaminants. Cet article examine l'importance de la QAI et propose des solutions pour l'améliorer.

Les conséquences d'une mauvaise qualité de l'air intérieur

Impacts sur la santé

- **Problèmes respiratoires** : Asthme, allergies, infections des voies respiratoires.

- **Symptômes immédiats** : Maux de tête, fatigue, irritation des yeux, du nez et de la gorge.

- **Effets à long terme** : Maladies cardiovasculaires, troubles du système nerveux.

Effets sur la productivité

- **Diminution de la concentration** : Difficultés à se concentrer et à accomplir des tâches complexes.

- **Augmentation de l'absentéisme** : Maladies fréquentes entraînant des absences au travail ou à l'école.

- **Baisse du moral** : Inconfort général affectant la motivation et la satisfaction.

Principales sources de pollution de l'air intérieur

Contaminants biologiques

- **Moisissures et champignons** : Prolifèrent dans les environnements humides.

- **Acariens et allergènes d'animaux** : Présents dans la poussière domestique.

- **Bactéries et virus** : Transmis par les personnes ou les systèmes de ventilation mal entretenus.

Polluants chimiques

- **Composés organiques volatils (COV)** : Émanations des peintures, colles, produits de nettoyage.

- **Fumées de combustion** : Monoxyde de carbone, dioxyde d'azote provenant des appareils de chauffage.

- **Particules fines** : Issues de la fumée de tabac, des activités de cuisson.

Facteurs physiques

- **Ventilation insuffisante** : Renouvellement de l'air inadéquat.

- **Température et humidité** : Conditions extrêmes favorisant la prolifération des contaminants.

Comment améliorer la qualité de l'air intérieur

Assurer une ventilation adéquate

- **Systèmes de ventilation mécanique** : Installer ou entretenir les systèmes pour assurer un apport suffisant d'air frais.

- **Aération naturelle** : Ouvrir régulièrement les fenêtres pour renouveler l'air.

- **Contrôle des flux d'air** : Éviter les zones de stagnation en facilitant la circulation de l'air.

Contrôler les sources de pollution

- **Choix des matériaux** : Utiliser des matériaux à faibles émissions de COV pour les meubles, les revêtements et les peintures.

- **Produits de nettoyage écologiques** : Opter pour des produits sans substances nocives.

- **Équipements entretenus** : Assurer le bon fonctionnement des appareils de chauffage et de climatisation.

Maintenir un niveau d'humidité optimal

- **Déshumidificateurs/Humidificateurs** : Utiliser des appareils pour maintenir l'humidité entre 30% et 50%.

- **Réparation des fuites** : Traiter rapidement les infiltrations d'eau pour prévenir les moisissures.

Filtration de l'air

- **Filtres HEPA** : Installer des filtres à haute efficacité pour capturer les particules fines.

- **Purificateurs d'air** : Utiliser des purificateurs pour éliminer les contaminants spécifiques.

Entretien régulier

- **Nettoyage des conduits** : Faire nettoyer les systèmes de ventilation pour éliminer les accumulations de poussière et de moisissures.

- **Changement des filtres** : Remplacer régulièrement les filtres des systèmes de chauffage et de climatisation.

- **Aspirateurs avec filtres** : Utiliser des aspirateurs équipés de filtres HEPA pour le nettoyage.

Sensibilisation et formation

Éducation du personnel

- **Bonnes pratiques** : Encourager des habitudes qui réduisent la pollution intérieure (éviter de fumer à l'intérieur, ranger les aliments correctement).

- **Signalement** : Inciter à signaler les problèmes tels que les odeurs inhabituelles ou les signes de moisissures.

Politiques internes

- **Interdiction de fumer** : Mettre en place des politiques pour maintenir un environnement sans fumée.

- **Contrôle des produits chimiques** : Réglementer l'utilisation de substances potentiellement nocives.

Avantages d'une bonne qualité de l'air intérieur

Pour la santé

- **Réduction des maladies** : Moins d'infections respiratoires et d'allergies.

- **Bien-être général** : Amélioration du confort et de la satisfaction.

Pour l'entreprise

- **Productivité accrue** : Employés plus alertes et concentrés.

- **Réduction des coûts** : Moins d'absentéisme et de dépenses de santé.

Pour l'environnement

- **Efficacité énergétique** : Les systèmes de ventilation bien entretenus consomment moins d'énergie.

- **Réduction de l'empreinte carbone** : Moins de polluants relâchés dans l'atmosphère.

Conclusion

La qualité de l'air intérieur est un élément crucial pour la santé et le bien-être des individus. En adoptant des mesures pour améliorer la QAI, les entreprises et les particuliers peuvent bénéficier d'un environnement plus sain, plus confortable et plus productif. Investir dans la qualité de l'air, c'est investir dans la santé et la réussite à long terme.

Certifications en hygiène et salubrité à considérer pour votre entreprise

Résumé: Découvrez les certifications clés en hygiène et salubrité pour améliorer la qualité et la confiance dans votre entreprise.

Mots-clés: Certifications, Hygiène, Salubrité, Qualité

Introduction

Dans un monde où les normes sanitaires sont de plus en plus strictes, obtenir des certifications en hygiène et salubrité est devenu essentiel pour les entreprises. Ces certifications non seulement démontrent votre engagement envers la qualité et la sécurité, mais renforcent également la confiance de vos clients et partenaires. Cet article explore les principales certifications à considérer pour votre entreprise et les avantages qu'elles apportent.

Pourquoi les certifications sont importantes

Confiance des clients

- **Gage de qualité**: Les certifications attestent que vos processus respectent des normes élevées.

- **Avantage concurrentiel**: Elles vous distinguent de la concurrence qui ne les possède pas.

Conformité réglementaire

- **Respect des lois**: Certaines certifications sont exigées par la législation dans certains secteurs.

- **Réduction des risques**: Elles minimisent les risques de sanctions et de poursuites.

Amélioration interne

- **Optimisation des processus**: Les audits requis pour les certifications peuvent révéler des opportunités d'amélioration.

- **Formation du personnel**: Encouragent le développement des compétences de vos employés.

Principales certifications en hygiène et salubrité

ISO 22000: Systèmes de management de la sécurité des denrées alimentaires

- **Secteur concerné**: Industrie alimentaire, restauration, production agricole.

- **Avantages**:

    o Assure la sécurité alimentaire tout au long de la chaîne d'approvisionnement.

    o Renforce la confiance des consommateurs dans vos produits.

ISO 45001: Systèmes de management de la santé et de la sécurité au travail

- **Secteur concerné**: Tous les secteurs souhaitant améliorer la santé et la sécurité des employés.

- **Avantages**:

    o Réduit les accidents du travail et les maladies professionnelles.

    o Améliore la satisfaction et la productivité des employés.

HACCP: Analyse des dangers et points critiques pour leur maîtrise

- **Secteur concerné**: Transformation alimentaire, restauration collective.

- **Avantages**:

  o Identifie et contrôle les dangers spécifiques liés à la sécurité alimentaire.

  o Réduit les risques d'intoxication alimentaire.

Ecologo, NF Environnement et Écolabel Européen

- **Secteur concerné**: Fabricants de produits de nettoyage, services de propreté.

- **Avantages**:

  o Atteste de l'engagement écologique de votre entreprise.

  o Répond à la demande croissante de produits respectueux de l'environnement.

ISO 14001: Systèmes de management environnemental

- **Secteur concerné**: Entreprises soucieuses de leur impact environnemental.

- **Avantages**:

  o Améliore la gestion des ressources et réduit les déchets.

  o Renforce votre image de marque en tant qu'entreprise responsable.

Comment obtenir une certification

Étape 1: Évaluation initiale

- **Analyse des écarts**: Identifier les différences entre vos pratiques actuelles et les exigences de la certification.

- **Planification**: Définir un plan d'action pour combler les écarts.

Étape 2: Mise en œuvre des changements

- **Formation**: Éduquer le personnel sur les nouvelles procédures et exigences.

- **Documentation**: Mettre en place une documentation conforme aux standards.

Étape 3: Audit interne

- **Vérification**: Contrôler que les processus sont bien en place et efficaces.

- **Corrections**: Apporter les ajustements nécessaires avant l'audit externe.

Étape 4: Audit de certification

- **Sélection d'un organisme certificateur**: Choisir un organisme accrédité pour réaliser l'audit.

- **Audit sur site**: L'organisme évalue la conformité de vos pratiques.

Étape 5: Maintien de la certification

- **Audits de surveillance**: Des audits réguliers pour s'assurer du maintien des standards.

- **Amélioration continue**: Intégrer les retours pour optimiser vos processus.

Les défis à anticiper

- **Coûts**: Les certifications peuvent représenter un investissement financier important.

- **Engagement du personnel**: Nécessitent l'implication de tous les niveaux de l'entreprise.

- **Temps**: Le processus de certification peut être long et exigeant.

Conclusion

Obtenir des certifications en hygiène et salubrité est un investissement stratégique pour votre entreprise. Elles renforcent non seulement la confiance de vos clients et partenaires, mais améliorent également vos opérations internes. En choisissant les certifications adaptées à votre secteur et en vous engageant dans le processus, vous positionnez votre entreprise comme un leader en matière de qualité et de sécurité.

Nettoyage écologique : mythes et réalités

Résumé: Démystifiez les idées reçues sur le nettoyage écologique et découvrez les vérités derrière ces pratiques respectueuses de l'environnement.

Mots-clés: Nettoyage écologique, Environnement, Mythes, Réalités

---

Introduction

Le nettoyage écologique suscite de plus en plus d'intérêt, tant chez les particuliers que chez les professionnels. Cependant, de nombreux mythes entourent encore ces pratiques, ce qui peut freiner leur adoption. Cet article vise à démystifier les idées reçues sur le nettoyage écologique en distinguant les mythes des réalités.

Mythe 1 : Les produits écologiques ne sont pas aussi efficaces que les produits chimiques traditionnels

Réalité

Les produits de nettoyage écologiques ont considérablement évolué et offrent désormais une efficacité comparable, voire supérieure, aux produits chimiques traditionnels.

- **Formulations avancées**: Les technologies modernes permettent de développer des produits écologiques performants.

- **Tests et certifications**: De nombreux produits écologiques sont certifiés pour leur efficacité par des organismes indépendants.

Mythe 2 : Les produits écologiques sont trop chers

Réalité

Bien que certains produits écologiques puissent avoir un coût initial plus élevé, ils peuvent être plus économiques à long terme.

- **Concentration élevée**: Beaucoup de produits écologiques sont concentrés, nécessitant moins de produit par utilisation.

- **Réduction des coûts cachés**: Moins de risques pour la santé et l'environnement peuvent réduire les dépenses liées aux accidents ou aux réglementations.

Mythe 3 : Le nettoyage écologique est compliqué et chronophage

Réalité

Adopter des pratiques de nettoyage écologique peut être simple et s'intégrer facilement dans les routines existantes.

- **Produits polyvalents**: Certains produits écologiques peuvent être utilisés sur diverses surfaces, simplifiant le processus.

- **Procédures similaires**: Les méthodes d'application sont souvent les mêmes que pour les produits traditionnels.

Mythe 4 : Les produits écologiques ne sont pas vraiment verts

Réalité

Il est vrai que le "greenwashing" existe, mais en choisissant des produits certifiés, vous pouvez vous assurer de leur caractère écologique.

- **Labels reconnus**: Recherchez des certifications comme l'Écologo ou l'Écolabel Européen, qui garantissent des critères environnementaux stricts.

- **Transparence des ingrédients**: Les fabricants sérieux fournissent une liste complète des composants.

Mythe 5 : Le nettoyage écologique ne concerne que les produits

Réalité

Le nettoyage écologique englobe une approche globale qui inclut les pratiques, les équipements et les comportements.

- **Réduction de la consommation d'eau**: Utiliser des techniques qui minimisent l'utilisation de l'eau.

- **Gestion des déchets**: Recycler et réduire les déchets générés lors du nettoyage.

- **Formation du personnel**: Éduquer les employés sur les pratiques écologiques.

Avantages réels du nettoyage écologique

Pour la santé

- **Moins de toxines**: Réduction de l'exposition aux produits chimiques nocifs pour les employés et les occupants.

- **Amélioration de la qualité de l'air intérieur**: Moins de composés organiques volatils (COV) libérés.

Pour l'environnement

- **Biodégradabilité**: Les produits écologiques se décomposent plus facilement, réduisant la pollution.

- **Moins d'impact sur les écosystèmes**: Réduction de la contamination des sols et des eaux.

Pour l'image de l'entreprise

- **Responsabilité sociale**: Afficher un engagement envers le développement durable.

- **Satisfaction des clients**: Attirer des clients sensibles aux questions environnementales.

Comment adopter le nettoyage écologique

Choisir les bons produits

- **Vérifier les labels**: Privilégier les produits certifiés par des organismes reconnus.

- **Lire les étiquettes**: Éviter les produits contenant des ingrédients nocifs.

Former le personnel

- **Sensibilisation**: Expliquer les bénéfices et les bonnes pratiques.

- **Formation pratique**: Démontrer l'utilisation correcte des produits et des équipements.

Mettre en place des procédures écologiques

- **Optimisation des ressources**: Utiliser la quantité nécessaire de produit et d'eau.

- **Gestion des déchets**: Recycler les emballages et réduire les déchets.

Conclusion

Le nettoyage écologique est une approche viable et bénéfique qui va au-delà des simples tendances. En dépassant les mythes et en comprenant les réalités, les entreprises et les particuliers peuvent adopter des pratiques respectueuses de l'environnement sans compromettre l'efficacité. Il s'agit d'un investissement dans la santé, l'environnement et l'avenir.

Comment les robots changent le monde du nettoyage

Résumé: Explorez l'impact révolutionnaire des robots dans le secteur du nettoyage et comment ils transforment les pratiques d'hygiène.

Mots-clés: Robots, Nettoyage, Technologie, Innovation

Introduction

L'essor de la robotique a touché de nombreux secteurs, et le domaine du nettoyage n'est pas en reste. Les robots de nettoyage, autrefois réservés à la science-fiction, sont désormais une réalité qui transforme les méthodes traditionnelles. Cet article examine comment les robots changent le monde du nettoyage, les avantages qu'ils offrent et les perspectives de cette révolution technologique.

L'évolution des robots de nettoyage

Premières générations

- **Aspirateurs robotisés domestiques**: Introduction des premiers robots pour le grand public, comme le Roomba.

- **Limites initiales**: Capacités restreintes, navigation basique, autonomie limitée.

Technologies avancées actuelles

- **Navigation intelligente**: Utilisation de capteurs, de lasers et de LIDAR pour cartographier les environnements.

- **Intelligence artificielle (IA)**: Capacité à apprendre et à optimiser les itinéraires de nettoyage.

- **Connectivité**: Intégration avec des systèmes de gestion via l'Internet des objets (IoT).

Les avantages des robots de nettoyage

Efficacité opérationnelle

- **Travail continu**: Capables de fonctionner 24/7 avec des recharges automatiques.

- **Productivité accrue**: Couvrent de grandes surfaces en moins de temps.

- **Précision**: Nettoyage uniforme et systématique sans zones oubliées.

Réduction des coûts

- **Main-d'œuvre**: Diminution des besoins en personnel pour les tâches répétitives.

- **Maintenance**: Robots conçus pour une durabilité et un entretien minimal.

- **Optimisation des ressources**: Utilisation efficace des produits de nettoyage et de l'énergie.

Amélioration de la sécurité

- **Environnements à risque**: Capables d'intervenir dans des zones dangereuses pour les humains (sites industriels, hôpitaux).

- **Réduction des accidents**: Moins d'exposition des employés aux produits chimiques ou aux situations potentiellement dangereuses.

Applications actuelles des robots de nettoyage

Secteur industriel

- **Entrepôts et usines**: Nettoyage des sols, élimination des déchets.

- **Zones contaminées**: Désinfection dans les laboratoires et les installations médicales.

Secteur commercial

- **Centres commerciaux**: Nettoyage des allées, vitrines et espaces communs.

- **Aéroports et gares**: Maintien de la propreté dans les zones à fort trafic.

Secteur résidentiel

- **Aspirateurs et laveurs de sol**: Entretien domestique automatisé.

- **Robots pour vitres**: Nettoyage des surfaces verticales difficiles d'accès.

Les défis et considérations

Coûts initiaux

- **Investissement élevé**: Coût d'acquisition pouvant être prohibitif pour certaines entreprises.

- **Retour sur investissement**: Nécessité d'évaluer le ROI sur le long terme.

Intégration technologique

- **Compatibilité**: S'assurer que les robots s'intègrent aux systèmes existants.

- **Formation**: Besoin de former le personnel à l'utilisation et à la maintenance.

Sécurité et confidentialité

- **Données collectées**: Gestion des informations capturées par les robots (plans, habitudes).

- **Risques de piratage**: Protection contre les cyberattaques potentielles.

L'avenir des robots dans le nettoyage

Avancées technologiques

- **IA améliorée**: Robots capables de prendre des décisions complexes en temps réel.

- **Autonomie énergétique**: Batteries plus performantes, recharge sans fil.

- **Interactivité**: Capacité à interagir avec les humains et à recevoir des instructions vocales.

Expansion des applications

- **Nettoyage sous-marin**: Entretien des coques de navires, structure offshore.

- **Espace**: Robots pour le nettoyage des stations spatiales ou des habitats futurs.

Impact sur l'emploi

- **Évolution des métiers**: Transition vers des rôles de supervision et de maintenance.

- **Création de nouveaux emplois**: Besoin de spécialistes en robotique et en IA.

Comment les entreprises peuvent se préparer

Évaluation des besoins

- **Analyse coûts-bénéfices**: Déterminer si l'investissement est justifié.

- **Sélection des tâches appropriées**: Identifier les tâches les plus adaptées à l'automatisation.

Choix des technologies

- **Fournisseurs fiables**: Sélectionner des partenaires réputés pour la qualité et le support.

- **Adaptabilité**: Opter pour des solutions évolutives.

Formation et accompagnement

- **Sensibilisation du personnel**: Communiquer sur les changements et les avantages.

- **Formation continue**: Développer les compétences nécessaires pour travailler avec les robots.

Conclusion

Les robots sont en train de redéfinir le paysage du nettoyage, offrant des opportunités pour améliorer l'efficacité, réduire les coûts et rehausser les normes d'hygiène. Bien que des défis subsistent, les avancées technologiques et l'adaptation progressive des entreprises laissent entrevoir un avenir où l'automatisation et l'humain collaborent pour un environnement plus propre et plus sûr.

Hygiène des mains : les bonnes pratiques

Résumé: Adoptez les meilleures pratiques d'hygiène des mains pour prévenir la propagation des maladies au quotidien.

Mots-clés: Hygiène des mains, Bonnes pratiques, Santé, Prévention

Introduction

L'hygiène des mains est l'une des mesures les plus simples et les plus efficaces pour prévenir la propagation des maladies infectieuses. Nos mains sont en contact constant avec notre environnement et peuvent transporter des germes dangereux. Cet article explore les bonnes pratiques d'hygiène des mains pour assurer votre santé et celle de votre entourage.

Pourquoi l'hygiène des mains est-elle cruciale ?

- **Propagation des germes** : Les mains peuvent transporter des bactéries, des virus et des parasites.

- **Prévention des infections** : Un lavage des mains approprié réduit le risque de maladies comme la grippe, le rhume, la gastro-entérite.

- **Protection des personnes vulnérables** : Les enfants, les personnes âgées et les personnes immunodéprimées sont particulièrement à risque.

Les moments clés pour se laver les mains

- **Avant de manger ou de manipuler des aliments**

- **Après être allé aux toilettes**

- **Après avoir toussé, éternué ou s'être mouché**

- **Après avoir touché des surfaces fréquemment utilisées** (poignées de porte, rampes d'escalier)

- **Après avoir manipulé des déchets ou des objets sales**

Technique correcte de lavage des mains

1. **Mouiller les mains** avec de l'eau propre et courante (chaude ou froide).

2. **Appliquer du savon** : Suffisamment pour couvrir toute la surface des mains.

3. **Frotter les mains** pendant au moins 20 secondes :

   o **Paume contre paume**

   o **Dos des mains**

   o **Entre les doigts**

   o **Sous les ongles**

   o **Pouces**

4. **Rincer** abondamment sous l'eau courante.

5. **Sécher** avec une serviette propre ou un séchoir à air.

Utilisation des désinfectants pour les mains

- **Quand les utiliser** : En l'absence d'eau et de savon.

- **Choisir un produit** contenant au moins 60 % d'alcool.

- **Méthode d'application** :

  o Appliquer une quantité suffisante pour couvrir toutes les surfaces.

  o Frotter jusqu'à ce que les mains soient sèches.

Conseils supplémentaires

- **Éviter de toucher le visage** : Les germes pénètrent souvent par les yeux, le nez ou la bouche.

- **Entretenir les ongles** : Les ongles longs peuvent abriter des microbes.

- **Porter attention aux bijoux** : Les bagues et bracelets peuvent retenir des bactéries.

Promotion de l'hygiène des mains en milieu professionnel

- **Installer des stations de lavage** : Faciliter l'accès à des lavabos équipés.

- **Fournir du matériel** : Savon, serviettes en papier, désinfectants.

- **Sensibiliser le personnel** : Campagnes d'information, affiches explicatives.

- **Former** : Organiser des sessions de formation sur les bonnes pratiques.

Conclusion

Adopter une bonne hygiène des mains est un geste simple qui a un impact majeur sur la santé publique. En intégrant ces pratiques dans votre routine quotidienne, vous contribuez à la prévention des maladies et à la protection de votre communauté.

Lutter contre les moisissures en milieu de travail

Résumé: Découvrez comment identifier, prévenir et éliminer les moisissures sur votre lieu de travail pour un environnement sain.

Mots-clés: Moisissures, Milieu de travail, Prévention, Santé

Introduction

Les moisissures sont des champignons microscopiques qui prolifèrent dans des environnements humides et mal ventilés. En milieu de travail, elles peuvent représenter un danger pour la santé des employés et affecter la productivité. Cet article explore les moyens efficaces pour lutter contre les moisissures au travail.

Les dangers des moisissures

- **Risques pour la santé** :

    o **Problèmes respiratoires** : Toux, essoufflement, asthme.

    o **Réactions allergiques** : Éternuements, écoulement nasal, yeux rouges.

    o **Irritations** : De la peau, des yeux, du nez et de la gorge.

- **Impact sur le bâtiment** :

- o **Détérioration des structures** : Bois pourri, peinture écaillée.

- o **Mauvaises odeurs** : Atmosphère désagréable.

Identifier la présence de moisissures

- **Signes visibles** :

  - o Taches noires, vertes ou blanches sur les murs, plafonds ou sols.

- **Odeurs** :

  - o Odeur de moisi ou de terre humide.

- **Conditions favorables** :

  - o Zones humides ou sujettes aux infiltrations d'eau.

  - o Mauvaise ventilation.

Prévenir la formation de moisissures

Contrôle de l'humidité

- **Réparer les fuites** : Tuyaux, toitures, fenêtres.

- **Utiliser des déshumidificateurs** : Maintenir un taux d'humidité inférieur à 50 %.

- **Assurer une bonne ventilation** : Systèmes de ventilation efficaces, ouvrir les fenêtres.

Entretien régulier

- **Nettoyage fréquent** : Éliminer la poussière et les débris qui retiennent l'humidité.

- **Matériaux résistants à l'humidité** : Utiliser des peintures anti-moisissures, matériaux étanches.

- **Évacuation adéquate** : Assurer que les systèmes d'évacuation fonctionnent correctement.

Éliminer les moisissures existantes

Petites surfaces (moins de 1 m²)

- **Protection individuelle** : Porter des gants, un masque N95, des lunettes de protection.

- **Nettoyage** :

  o Utiliser de l'eau savonneuse ou un détergent doux.

  o Frotter la zone affectée.

  o Sécher complètement la surface.

Grandes surfaces ou problèmes récurrents

- **Faire appel à des professionnels** : Entreprises spécialisées dans le traitement des moisissures.

- **Évaluation** : Identifier la source du problème pour une solution durable.

Sensibiliser le personnel

- **Formation** : Informer les employés sur les dangers des moisissures et comment les signaler.

- **Procédure de signalement** : Mettre en place un système pour signaler les problèmes d'humidité ou de moisissures.

- **Participation** : Encourager le personnel à maintenir un espace de travail propre et sec.

Conformité légale et réglementaire

- **Normes de santé et sécurité** : Respecter les réglementations en vigueur.

- **Obligations de l'employeur** : Assurer un environnement de travail sain.

Conclusion

La lutte contre les moisissures en milieu de travail est essentielle pour protéger la santé des employés et maintenir un environnement productif. En adoptant des mesures préventives et en réagissant rapidement aux problèmes, les entreprises peuvent créer un lieu de travail sûr et agréable.

La salubrité dans les transports publics

Résumé: Analyse des enjeux de salubrité dans les transports publics et des mesures pour garantir un voyage sûr et hygiénique.

Mots-clés: Salubrité, Transports publics, Hygiène, Sécurité

Introduction

Les transports publics sont essentiels pour la mobilité urbaine, mais ils sont également des espaces où les microbes peuvent se propager rapidement en raison de la forte affluence. Assurer la salubrité dans ces environnements est crucial pour la santé publique. Cet article examine les défis et les solutions pour maintenir une hygiène optimale dans les transports publics.

Les défis de la salubrité dans les transports publics

- **Haute densité de passagers** : Proximité favorisant la transmission des germes.

- **Surfaces fréquemment touchées** : Poignées, barres d'appui, sièges.

- **Variabilité des usagers** : Diversité des passagers et de leurs habitudes d'hygiène.

- **Cycles de nettoyage limités** : Difficulté à nettoyer fréquemment en raison des horaires serrés.

Impacts sur la santé publique

- **Propagation des maladies infectieuses** : Grippe, rhume, maladies gastro-intestinales.

- **Perception de sécurité** : Influence sur la confiance des usagers envers les transports publics.

- **Conséquences économiques** : Absences au travail, coûts de santé accrus.

Mesures pour améliorer la salubrité

Nettoyage et désinfection renforcés

- **Fréquence accrue** : Nettoyage plus fréquent des véhicules et des stations.

- **Produits efficaces** : Utilisation de désinfectants approuvés contre une large gamme de microbes.

- **Focus sur les points de contact** : Poignées, boutons, distributeurs de billets.

Technologies innovantes

- **Désinfection par UV-C** : Installation de systèmes UV pour éliminer les germes.

- **Revêtements antimicrobiens** : Application de matériaux réduisant la survie des microbes sur les surfaces.

- **Capteurs et IA** : Surveillance des zones à haut risque pour une intervention ciblée.

Engagement des usagers

- **Communication** : Affiches, annonces pour encourager les bonnes pratiques d'hygiène.

- **Stations de désinfection** : Mise à disposition de gel hydroalcoolique dans les stations et véhicules.

- **Politiques sanitaires** : Port du masque en période de pandémie, restriction en cas de symptômes.

Formation du personnel

- **Protocoles clairs** : Élaboration de procédures de nettoyage standardisées.

- **Équipement approprié** : Fourniture d'EPI pour le personnel de nettoyage.

- **Sensibilisation** : Formation continue sur les risques sanitaires et les mesures de prévention.

Coopération entre les parties prenantes

- **Autorités de transport** : Leadership dans la mise en œuvre des mesures.

- **Gouvernements locaux** : Soutien financier et réglementaire.

- **Communauté scientifique** : Recherche sur les méthodes efficaces de désinfection.

- **Public** : Participation active en adoptant des comportements responsables.

Conclusion

Maintenir la salubrité dans les transports publics est un défi complexe qui nécessite une approche multidimensionnelle. En combinant des mesures techniques, des politiques efficaces et la coopération de tous les acteurs, il est possible de garantir un environnement sûr pour les usagers et de renforcer la confiance dans les systèmes de transport public.

Impacts environnementaux des produits de nettoyage

Résumé: Analyse des effets des produits de nettoyage sur l'environnement et des alternatives écologiques pour réduire leur impact.

Mots-clés: Produits de nettoyage, Environnement, Impacts, Alternatives écologiques

Introduction

Les produits de nettoyage jouent un rôle essentiel dans le maintien de l'hygiène et de la salubrité dans divers environnements, qu'ils soient domestiques ou industriels. Cependant, leur utilisation massive a soulevé des préoccupations quant à leurs impacts environnementaux. Cet article examine les effets négatifs des produits de nettoyage traditionnels sur l'environnement et propose des solutions pour minimiser ces impacts.

Les impacts environnementaux des produits de nettoyage

Pollution de l'eau

- **Déversements dans les systèmes d'égouts** : Les produits chimiques présents dans les détergents et désinfectants peuvent se retrouver dans les cours d'eau, affectant la faune et la flore aquatiques.

- **Effets sur les écosystèmes aquatiques** : Les phosphates et nitrates contribuent à l'eutrophisation, entraînant la prolifération d'algues nocives.

Émissions de composés organiques volatils (COV)

- **Qualité de l'air intérieur** : Les COV peuvent provoquer des problèmes respiratoires et des irritations.

- **Pollution atmosphérique** : Contribuent à la formation de smog et affectent la couche d'ozone.

Déchets plastiques

- **Emballages non recyclables** : Génèrent une quantité importante de déchets qui finissent dans les décharges ou les océans.

- **Microplastiques** : Certains produits contiennent des microbilles qui polluent les milieux marins.

Consommation de ressources non renouvelables

- **Matières premières** : L'extraction de pétrole pour produire des surfactants synthétiques.

- **Énergie** : La fabrication et le transport des produits consomment de l'énergie fossile.

Alternatives écologiques aux produits de nettoyage traditionnels

Produits biodégradables

- **Détergents à base végétale** : Utilisation de surfactants d'origine naturelle qui se décomposent plus facilement.

- **Enzymes naturelles** : Efficaces pour décomposer les taches sans effets nocifs.

Ingrédients non toxiques

- **Vinaigre blanc** : Agent nettoyant et désinfectant naturel.

- **Bicarbonate de soude** : Excellent pour le dégraissage et la désodorisation.

Emballages écologiques

- **Matériaux recyclés** : Utilisation d'emballages fabriqués à partir de matériaux recyclés.

- **Formats concentrés** : Réduisent la quantité d'emballage nécessaire.

Labels écologiques

- **Certifications reconnues** : Rechercher des produits portant des labels tels que l'Écologo, l'Écolabel Européen ou NF Environnement.

- **Transparence des ingrédients** : Choisir des produits qui affichent clairement leur composition.

Rôle des entreprises et des consommateurs

Sensibilisation

- **Éducation** : Informer sur les impacts environnementaux et les alternatives disponibles.

- **Promotion des bonnes pratiques** : Encourager l'utilisation responsable des produits.

Innovation

- **Recherche et développement** : Investir dans la création de produits plus écologiques.

- **Économie circulaire** : Mettre en place des systèmes de recyclage et de réutilisation.

Politiques et réglementations

- **Encadrement légal** : Imposer des normes environnementales pour les produits de nettoyage.

- **Récompenses** : Offrir des avantages aux entreprises qui adoptent des pratiques durables.

Conclusion

Les impacts environnementaux des produits de nettoyage sont un enjeu majeur qui nécessite une action collective. En adoptant des alternatives écologiques et en modifiant nos habitudes de consommation, nous pouvons réduire significativement ces impacts. Il est essentiel que les entreprises, les gouvernements et les consommateurs travaillent ensemble pour promouvoir des pratiques de nettoyage durables.

Formation continue en hygiène : pourquoi est-ce essentiel

Résumé: Explore l'importance de la formation continue en hygiène pour les professionnels afin de maintenir des normes élevées de santé et de sécurité.

Mots-clés: Formation continue, Hygiène, Professionnels, Santé et sécurité

Introduction

Dans un monde en constante évolution, les pratiques en matière d'hygiène doivent s'adapter aux nouvelles connaissances, technologies et réglementations. La formation continue en hygiène est donc essentielle pour les professionnels afin de garantir des normes élevées de santé et de sécurité. Cet article souligne l'importance de cette formation et les bénéfices qu'elle apporte aux individus et aux organisations.

Pourquoi la formation continue est-elle essentielle ?

Évolution des réglementations et des normes

- **Mises à jour légales** : Les lois et réglementations en matière d'hygiène changent régulièrement.

- **Normes internationales** : Adoption de nouvelles normes ISO, HACCP, etc.

Avancées technologiques

- **Nouveaux équipements** : Introduction de technologies innovantes pour le nettoyage et la désinfection.

- **Produits de pointe** : Développement de produits plus efficaces et écologiques.

Prévention des risques sanitaires

- **Émergence de nouveaux pathogènes** : Besoin de stratégies actualisées pour les combattre.

- **Gestion des pandémies** : Importance de protocoles adaptés pour prévenir la propagation.

Bénéfices de la formation continue en hygiène

Amélioration des compétences

- **Efficacité accrue** : Maîtrise des nouvelles techniques et outils.

- **Qualité du travail** : Réduction des erreurs et des non-conformités.

Sécurité au travail

- **Réduction des accidents** : Connaissance des bonnes pratiques pour éviter les incidents.

- **Protection de la santé** : Minimisation de l'exposition aux risques chimiques ou biologiques.

Confiance et professionnalisme

- **Image de marque** : Renforcement de la réputation de l'entreprise.

- **Satisfaction des clients** : Assurance d'un service conforme aux attentes et aux normes.

Mise en œuvre d'un programme de formation continue

Évaluation des besoins

- **Analyse des compétences** : Identifier les lacunes et les domaines à améliorer.

- **Objectifs clairs** : Définir les résultats attendus de la formation.

Choix des méthodes de formation

- **Formations en présentiel** : Ateliers pratiques, séminaires.

- **E-learning** : Cours en ligne flexibles et accessibles.

- **Mentorat** : Accompagnement par des professionnels expérimentés.

Suivi et évaluation

- **Évaluations régulières** : Tests, certifications pour mesurer les progrès.

- **Feedback** : Recueillir les retours des participants pour améliorer le programme.

Obstacles à la formation continue et comment les surmonter

Contraintes de temps

- **Planification** : Intégrer la formation dans les horaires de travail.

- **Modules courts** : Proposer des sessions concises et ciblées.

Coûts financiers

- **Investissement rentable** : Considérer la formation comme un investissement à long terme.

- **Subventions et aides** : Rechercher des financements externes ou des programmes gouvernementaux.

Résistance au changement

- **Communication** : Expliquer les avantages et impliquer le personnel dans le processus.

- **Reconnaissance** : Valoriser les efforts et les succès des participants.

Conclusion

La formation continue en hygiène est un pilier essentiel pour maintenir des standards élevés de santé et de sécurité. Elle permet aux professionnels de rester à jour, d'améliorer leurs compétences et de contribuer au succès de leur organisation. Investir dans la formation continue est un choix stratégique qui apporte des bénéfices durables pour tous les acteurs concernés.

Les défis du nettoyage après sinistre

Résumé: Examine les complexités du nettoyage après sinistre et les stratégies pour surmonter ces défis tout en assurant la sécurité et l'efficacité.

Mots-clés: Nettoyage après sinistre, Défis, Restauration, Sécurité

Introduction

Les sinistres tels que les incendies, les inondations ou les tempêtes peuvent causer des dommages importants aux propriétés. Le nettoyage après sinistre est une étape cruciale pour restaurer les lieux, mais il présente de nombreux défis uniques. Cet article explore les difficultés rencontrées lors du nettoyage après sinistre et propose des solutions pour les surmonter efficacement.

Les principaux défis du nettoyage après sinistre

Évaluation des dommages

- **Complexité des dégâts** : Les dommages peuvent être structurels, esthétiques ou sanitaires.

- **Accès restreint** : Certaines zones peuvent être dangereuses ou inaccessibles sans équipement spécialisé.

Risques pour la santé et la sécurité

- **Contaminants dangereux** : Présence de moisissures, d'amiante, de substances chimiques.

- **Instabilité structurelle** : Risque d'effondrement ou de chutes d'objets.

Pression temporelle

- **Délai d'intervention** : Besoin d'agir rapidement pour éviter l'aggravation des dégâts.

- **Coûts supplémentaires** : Les retards peuvent entraîner des coûts additionnels et des perturbations prolongées.

Gestion des déchets

- **Déchets dangereux** : Nécessité de traiter et d'éliminer les matériaux contaminés de manière appropriée.

- **Volume important** : Quantité massive de débris à évacuer.

Stratégies pour surmonter les défis

Planification et évaluation approfondies

- **Inspection professionnelle** : Faire appel à des experts pour évaluer l'étendue des dommages.

- **Établissement d'un plan d'action** : Définir les priorités et les étapes clés du processus de nettoyage.

Utilisation d'équipements spécialisés

- **Matériel de protection** : Casques, masques respiratoires, combinaisons étanches.

- **Technologies avancées** : Déshumidificateurs industriels, machines d'aspiration à haute puissance.

Formation du personnel

- **Compétences spécifiques** : Former les équipes aux techniques de nettoyage après sinistre.

- **Sécurité** : Sensibiliser aux risques et aux protocoles de sécurité.

Collaboration avec les assurances et les autorités

- **Documentation** : Enregistrer les dommages pour les réclamations d'assurance.

- **Conformité** : Respecter les réglementations locales en matière de santé, de sécurité et d'environnement.

Gestion efficace des déchets

- **Tri** : Séparer les déchets recyclables, non recyclables et dangereux.

- **Élimination conforme** : Collaborer avec des services agréés pour le traitement des déchets dangereux.

Importance de la communication

Avec les clients

- **Transparence** : Informer sur les progrès et les délais estimés.

- **Empathie** : Reconnaître le traumatisme subi par les propriétaires et offrir un soutien.

Au sein de l'équipe

- **Coordination** : Assurer une communication fluide entre les membres de l'équipe pour une efficacité maximale.

- **Feedback** : Encourager les retours pour améliorer les processus.

Préparation aux futurs sinistres

Plans d'urgence

- **Proactivité** : Élaborer des plans pour réagir rapidement en cas de sinistre.

- **Formation continue** : Maintenir les compétences à jour pour faire face aux nouvelles menaces.

Améliorations structurelles

- **Matériaux résistants** : Utiliser des matériaux plus résistants aux incendies ou aux inondations lors de la reconstruction.

- **Technologies de prévention** : Installer des systèmes d'alarme, de détection et d'extinction.

Conclusion

Le nettoyage après sinistre est une tâche complexe qui nécessite expertise, planification et compassion. En comprenant les défis et en adoptant des stratégies adaptées, il est possible de restaurer efficacement les lieux tout en assurant la sécurité des intervenants et des occupants. Une approche professionnelle et humaine est essentielle pour aider les personnes touchées à surmonter cette épreuve et à reprendre une vie normale.

Sécurité des employés lors du nettoyage de zones à haut risque

Résumé: Assurer la sécurité des employés pendant le nettoyage de zones à haut risque grâce à des protocoles stricts et des équipements appropriés.

Mots-clés: Sécurité au travail, Nettoyage, Zones à haut risque, Équipements de protection

Introduction

Le nettoyage de zones à haut risque, telles que les installations chimiques, les zones contaminées biologiquement ou les environnements industriels dangereux, présente des défis uniques. La sécurité des employés est primordiale dans ces contextes, car les risques d'accidents ou d'exposition à des substances nocives sont élevés. Cet article explore les meilleures pratiques pour assurer la sécurité des travailleurs lors du nettoyage de ces zones sensibles.

Comprendre les zones à haut risque

Les zones à haut risque peuvent inclure:

- **Laboratoires biologiques**: Présence d'agents pathogènes dangereux.

- **Sites industriels**: Exposition à des produits chimiques toxiques ou inflammables.

- **Zones radioactives**: Risque d'exposition aux radiations.

- **Environnements confinés**: Espaces restreints avec ventilation limitée.

Évaluation des risques

Avant toute intervention, une évaluation complète des risques doit être effectuée:

- **Identifier les dangers**: Substances présentes, conditions environnementales.

- **Analyser les risques**: Probabilité d'occurrence et gravité des conséquences.

- **Mettre en place des mesures préventives**: Protocoles pour minimiser les risques identifiés.

Formation et sensibilisation du personnel

La formation est essentielle pour préparer les employés:

- **Connaissance des dangers**: Comprendre les risques spécifiques de la zone.

- **Procédures d'urgence**: Savoir comment réagir en cas d'incident.

- **Utilisation des équipements**: Maîtriser le maniement des EPI et des outils spécialisés.

Équipements de protection individuelle (EPI)

Les EPI sont une barrière essentielle contre les dangers:

- **Protection respiratoire**: Masques filtrants ou appareils à adduction d'air.

- **Protection cutanée**: Combinaisons étanches, gants résistants aux produits chimiques.

- **Protection oculaire**: Lunettes de sécurité ou visières.

- **Autres équipements**: Bottes de sécurité, casques, harnais antichute.

Protocoles de travail sécuritaires

Mettre en place des procédures claires:

- **Délimitation des zones**: Signalisation et barrières pour limiter l'accès.

- **Travail en équipe**: Ne jamais travailler seul dans des zones à haut risque.

- **Communication constante**: Utilisation de radios ou autres moyens pour rester en contact.

- **Contrôle d'accès**: Enregistrement des entrées et sorties de la zone.

Utilisation d'équipements adaptés

- **Matériel de nettoyage spécifique**: Outils antidéflagrants, aspirateurs avec filtres HEPA.

- **Technologies à distance**: Robots ou équipements télécommandés pour minimiser l'exposition humaine.

- **Vérification régulière**: Inspection et entretien des équipements pour assurer leur bon fonctionnement.

Gestion des déchets dangereux

- **Collecte sécurisée**: Utiliser des conteneurs appropriés pour les déchets contaminés.

- **Élimination conforme**: Respecter les réglementations pour le traitement des déchets dangereux.

- **Documentation**: Tenir des registres précis des déchets générés et de leur destination.

Surveillance de la santé des employés

- **Examens médicaux réguliers**: Détecter précocement toute exposition ou contamination.

- **Programmes de vaccination**: Lorsque pertinent, pour protéger contre les agents biologiques.

- **Soutien psychologique**: Reconnaître le stress associé au travail en zones à haut risque.

Respect des réglementations

- **Conformité légale**: Se tenir informé des lois et normes en vigueur.

- **Audits internes**: Évaluer régulièrement les pratiques pour garantir la conformité.

- **Amélioration continue**: Adapter les protocoles en fonction des retours d'expérience.

Conclusion

La sécurité des employés lors du nettoyage de zones à haut risque est une responsabilité majeure pour les entreprises. En combinant une formation adéquate, des équipements appropriés et des protocoles rigoureux, il est possible de protéger efficacement les travailleurs tout en assurant un nettoyage efficace. La priorité absolue doit toujours être la santé et la sécurité du personnel.

Utilisation de la technologie UV en désinfection

Résumé: Découvrez comment la technologie UV révolutionne la désinfection en offrant une méthode efficace et sans produits chimiques pour éliminer les agents pathogènes.

Mots-clés: Technologie UV, Désinfection, Ultraviolet, Élimination des germes

Introduction

La désinfection est un élément crucial pour maintenir des environnements sains, que ce soit dans les hôpitaux, les écoles ou les entreprises. La technologie UV (ultraviolet) s'est imposée comme une méthode innovante et efficace pour éliminer les micro-organismes nuisibles sans recours aux produits chimiques. Cet article explore le fonctionnement, les avantages et les applications de la désinfection par UV.

Comprendre la technologie UV

Les rayons ultraviolets sont une forme de rayonnement électromagnétique invisible à l'œil nu. Ils sont classés en trois catégories:

- **UVA**: Longueur d'onde de 315 à 400 nm.

- **UVB**: Longueur d'onde de 280 à 315 nm.

- **UVC**: Longueur d'onde de 200 à 280 nm.

C'est le **UVC** qui est utilisé pour la désinfection, en raison de sa capacité à inactiver les micro-organismes.

Comment le UVC désinfecte-t-il?

- **Destruction de l'ADN/ARN**: Les rayons UVC pénètrent les cellules des micro-organismes et endommagent leur matériel génétique.

- **Inactivation des agents pathogènes**: Les bactéries, virus et protozoaires ne peuvent plus se reproduire ni causer d'infections.

- **Efficacité rapide**: L'inactivation se produit en quelques secondes à quelques minutes d'exposition.

Avantages de la désinfection par UV

- **Sans produits chimiques**: Pas de résidus toxiques ni de besoin de manipuler des substances dangereuses.

- **Efficacité élevée**: Capable d'éliminer une large gamme de micro-organismes, y compris ceux résistants aux désinfectants chimiques.

- **Rapidité**: Désinfection rapide des surfaces et de l'air.

- **Économique**: Réduction des coûts à long terme liés à l'achat de produits chimiques et à la main-d'œuvre.

Applications de la technologie UV

Milieu médical

- **Hôpitaux et cliniques**: Désinfection des salles d'opération, des chambres de patients, des équipements médicaux.

- **Laboratoires**: Maintien de conditions stériles pour les expériences sensibles.

Secteur alimentaire

- **Usines de production**: Désinfection des surfaces de travail, des outils et de l'air pour prévenir la contamination.

- **Stockage**: Prolongation de la durée de conservation des aliments en éliminant les micro-organismes.

Traitement de l'eau

- **Stations d'épuration**: Élimination des pathogènes dans l'eau potable.

- **Piscines et spas**: Réduction de l'utilisation de chlore.

Environnements publics

- **Transports en commun**: Désinfection des bus, trains et avions.

- **Écoles et bureaux**: Maintien d'un environnement sain pour les occupants.

Types d'équipements UV

- **Lampes UV portables**: Pour une désinfection ciblée des surfaces.

- **Systèmes UV fixes**: Installés dans les conduits de ventilation pour purifier l'air.

- **Robots UV autonomes**: Appareils mobiles programmés pour désinfecter de grandes surfaces.

Précautions et limitations

- **Sécurité**: Les rayons UVC sont nocifs pour la peau et les yeux. Il est essentiel de prendre des mesures de protection, comme l'absence de personnes dans la zone traitée.

- **Ombres**: Les UV ne pénètrent pas les surfaces opaques. Les zones ombragées peuvent ne pas être désinfectées.

- **Entretien**: Les lampes UV perdent de leur efficacité avec le temps et doivent être remplacées régulièrement.

Intégration avec d'autres méthodes de désinfection

La technologie UV est souvent utilisée en complément d'autres méthodes:

- **Nettoyage manuel**: Pour éliminer la saleté et les débris qui peuvent protéger les microbes.

- **Désinfectants chimiques**: Pour une approche synergique dans les environnements critiques.

Conclusion

La technologie UV offre une solution innovante et efficace pour la désinfection dans divers secteurs. En comprenant son fonctionnement et en l'appliquant correctement, les entreprises et les institutions peuvent améliorer significativement la qualité de l'hygiène, réduire les infections et offrir des environnements plus sûrs. Cependant, il est crucial de respecter les précautions de sécurité pour maximiser les bénéfices tout en minimisant les risques.

La salubrité dans l'industrie alimentaire : enjeux et solutions

Résumé: Analyse des défis de la salubrité dans l'industrie alimentaire et présentation de solutions pour garantir la sécurité des aliments du champ à l'assiette.

Mots-clés: Salubrité alimentaire, Industrie alimentaire, Sécurité des aliments, Normes d'hygiène

Introduction

La salubrité dans l'industrie alimentaire est un enjeu majeur qui concerne la santé publique, la confiance des consommateurs et la réputation des entreprises. Les scandales alimentaires et les rappels de produits peuvent entraîner des conséquences dévastatrices. Cet article explore les principaux défis de la salubrité alimentaire et propose des solutions pour assurer la sécurité des aliments tout au long de la chaîne de production.

Enjeux de la salubrité dans l'industrie alimentaire

Risques microbiologiques

- **Bactéries pathogènes**: Salmonella, E. coli, Listeria.

- **Virus**: Hépatite A, Norovirus.

- **Parasites**: Giardia, Toxoplasma.

Contaminations chimiques

- **Résidus de pesticides**: Présents sur les fruits et légumes.

- **Additifs alimentaires**: Utilisation excessive ou inappropriée.

- **Métaux lourds**: Contamination par le mercure, le plomb.

Fraudes alimentaires

- **Faux étiquetage**: Tromperie sur l'origine ou la composition.

- **Adultération**: Ajout de substances non déclarées pour augmenter le poids ou le volume.

Allergènes

- **Non-déclaration**: Présence d'allergènes non indiqués sur l'étiquette.

- **Contamination croisée**: Mélange involontaire d'ingrédients allergènes.

Solutions pour garantir la salubrité alimentaire

Mise en place de systèmes de gestion de la sécurité alimentaire

- **HACCP (Hazard Analysis Critical Control Point)**: Système préventif pour identifier et contrôler les dangers.

- **ISO 22000**: Norme internationale pour les systèmes de management de la sécurité des denrées alimentaires.

Contrôles rigoureux tout au long de la chaîne

- **Traçabilité**: Suivi des produits depuis les matières premières jusqu'au produit fini.

- **Analyses régulières**: Tests microbiologiques et chimiques sur les échantillons.

- **Audits internes et externes**: Vérification de la conformité aux normes.

Formation du personnel

- **Hygiène personnelle**: Importance du lavage des mains, port de vêtements appropriés.

- **Procédures opérationnelles**: Compréhension des protocoles de nettoyage et de désinfection.

- **Sensibilisation aux allergènes**: Connaissance des risques et des mesures pour les éviter.

Contrôle des fournisseurs

- **Sélection stricte**: Travailler avec des fournisseurs certifiés et fiables.

- **Évaluations régulières**: Audits et inspections pour s'assurer du respect des normes.

- **Partenariats**: Collaboration pour améliorer continuellement les pratiques.

Utilisation de technologies innovantes

- **Automatisation**: Réduction des erreurs humaines par l'utilisation de machines.

- **Blockchain**: Amélioration de la traçabilité et de la transparence.

- **Capteurs et IoT**: Surveillance en temps réel des conditions de production.

Gestion des allergènes

- **Étiquetage clair**: Mention précise des allergènes présents.

- **Zones séparées**: Équipements et lignes de production dédiés pour éviter la contamination croisée.

Respect des réglementations et normes internationales

- **Conformité légale**: Respect des lois nationales et internationales.

- **Certifications**: Obtention de certifications reconnues pour renforcer la confiance des consommateurs.

- **Veille réglementaire**: Mise à jour régulière sur les changements législatifs.

Communication transparente avec les consommateurs

- **Informations claires**: Étiquettes détaillées, site web informatif.

- **Gestion des crises**: Plan d'action en cas de problème pour informer rapidement le public.

- **Engagement envers la qualité**: Afficher les efforts réalisés pour assurer la sécurité alimentaire.

Conclusion

La salubrité dans l'industrie alimentaire est un défi complexe qui nécessite une approche multidisciplinaire. En mettant en place des systèmes rigoureux, en formant le personnel et en adoptant des technologies innovantes, les entreprises peuvent assurer la sécurité de leurs produits. La confiance des consommateurs est à ce prix, et elle est essentielle pour le succès durable dans ce secteur hautement compétitif.

Nettoyage des espaces verts et extérieurs

Résumé: Conseils pratiques pour maintenir la propreté et la beauté des espaces verts et extérieurs de votre entreprise.

Mots-clés: Espaces verts, Nettoyage extérieur, Entretien paysager, Propreté

Introduction

Les espaces verts et extérieurs jouent un rôle crucial dans l'image et le bien-être d'une entreprise. Un environnement extérieur propre et bien entretenu améliore non seulement l'attrait esthétique, mais contribue également à la satisfaction des employés et des visiteurs. Cet article explore les meilleures pratiques pour le nettoyage et l'entretien des espaces verts et extérieurs.

Importance du nettoyage des espaces verts

- **Image de marque** : Des espaces extérieurs soignés reflètent le professionnalisme de l'entreprise.

- **Santé et sécurité** : Éliminer les déchets et les débris prévient les accidents et les problèmes de santé.

- **Environnement** : Un entretien adéquat favorise la biodiversité et réduit l'impact environnemental.

Éléments clés du nettoyage extérieur

Gestion des déchets

- **Poubelles appropriées** : Installer des poubelles et des bacs de recyclage pour encourager le bon comportement.

- **Ramassage régulier** : Établir un calendrier pour le ramassage des déchets et des feuilles mortes.

- **Élimination responsable** : Trier et éliminer les déchets conformément aux réglementations locales.

Entretien des pelouses et des plantes

- **Tonte régulière** : Maintenir une hauteur de pelouse appropriée pour un aspect soigné.

- **Arrosage adapté** : Utiliser des systèmes d'irrigation efficaces pour économiser l'eau.

- **Taille des arbustes** : Élaguer les arbres et les arbustes pour favoriser une croissance saine.

Nettoyage des surfaces dures

- **Balayage et lavage** : Nettoyer les allées, trottoirs et parkings pour éliminer la saleté et les débris.

- **Traitement des mauvaises herbes** : Utiliser des méthodes écologiques pour contrôler les mauvaises herbes sur les surfaces pavées.

- **Réparations** : Surveiller et réparer les fissures ou les dommages pour éviter les accidents.

Éclairage et mobilier extérieur

- **Nettoyage des luminaires** : Assurer que les éclairages sont propres et fonctionnent correctement.

- **Entretien du mobilier** : Nettoyer et entretenir les bancs, tables et autres installations pour prolonger leur durée de vie.

Pratiques écologiques pour l'entretien extérieur

- **Compostage** : Recycler les déchets verts pour enrichir le sol.

- **Produits naturels** : Utiliser des engrais et des pesticides biologiques pour protéger l'environnement.

- **Biodiversité** : Planter des espèces locales pour favoriser la faune et réduire l'entretien.

Planification et organisation

- **Calendrier saisonnier** : Adapter les activités d'entretien en fonction des saisons.

- **Formation du personnel** : Former les employés ou les prestataires aux techniques d'entretien spécifiques.

- **Budget** : Allouer des ressources suffisantes pour l'entretien régulier et les améliorations.

Faire appel à des professionnels

- **Experts en entretien paysager** : Collaborer avec des entreprises spécialisées pour des résultats optimaux.

- **Contrats d'entretien** : Établir des contrats clairs pour définir les responsabilités et les attentes.

Conclusion

Le nettoyage et l'entretien des espaces verts et extérieurs sont essentiels pour créer un environnement accueillant et professionnel. En adoptant des pratiques efficaces et écologiques, les entreprises peuvent améliorer leur image, assurer la satisfaction de tous et contribuer positivement à l'environnement.

L'importance de l'hygiène dans les chaînes de production industrielle

Résumé : Un guide sur la mise en œuvre et le maintien de normes d'hygiène rigoureuses dans les chaînes de production industrielle pour garantir la qualité et la sécurité des produits.

Mots-clés : Hygiène industrielle, Chaîne de production, Sécurité des produits, Qualité

Introduction

Dans les industries modernes, l'hygiène est un facteur crucial pour garantir la qualité des produits et la sécurité des consommateurs. Qu'il s'agisse d'industries alimentaires, pharmaceutiques ou manufacturières, l'absence de protocoles d'hygiène appropriés peut entraîner des contaminations, des rappels de produits et une perte de confiance des clients. Cet article explore l'importance de l'hygiène dans les chaînes de production industrielle et propose des stratégies pour assurer un environnement propre et sécurisé.

Les risques de contamination dans les chaînes de production

1. Contamination croisée

La contamination croisée peut survenir lorsque des particules, des micro-organismes ou des allergènes d'un produit se retrouvent sur un autre. Cela est particulièrement problématique dans les industries alimentaires et pharmaceutiques, où des ingrédients variés sont manipulés.

2. Accumulation de résidus

Les chaînes de production industrielles fonctionnent souvent à un rythme soutenu, ce qui peut entraîner l'accumulation de résidus sur les machines et les surfaces. Sans un nettoyage régulier, ces résidus peuvent entraîner des défaillances des machines et contaminer les produits.

3. Dangers microbiologiques et chimiques

Les micro-organismes, comme les bactéries et les moisissures, peuvent proliférer rapidement dans les environnements industriels si des mesures d'hygiène ne sont pas prises. De plus, des résidus chimiques provenant de lubrifiants ou de solvants peuvent poser des risques pour la santé s'ils ne sont pas correctement gérés.

Les meilleures pratiques pour maintenir l'hygiène dans les chaînes de production

1. Nettoyage régulier des équipements

Un nettoyage et une désinfection fréquents des équipements sont essentiels pour éviter l'accumulation de résidus et la propagation de micro-organismes. L'utilisation de produits de nettoyage adaptés à chaque type d'équipement est cruciale pour garantir un environnement exempt de contaminants.

2. Établir des protocoles d'hygiène stricts

Mettre en place des protocoles d'hygiène détaillés, adaptés aux exigences spécifiques de chaque industrie, est fondamental. Cela inclut des procédures de nettoyage pour les machines, les surfaces de travail, les outils, et des règles de manipulation des matières premières.

3. Formation continue du personnel

La sensibilisation et la formation régulière des employés aux meilleures pratiques d'hygiène sont essentielles pour éviter les erreurs humaines qui pourraient compromettre la sécurité des produits. Les travailleurs doivent comprendre l'importance de l'hygiène personnelle, comme le lavage des mains et le port de vêtements de protection appropriés.

Technologies innovantes pour améliorer l'hygiène

1. Capteurs de surveillance en temps réel

Les nouvelles technologies permettent aujourd'hui d'installer des capteurs dans les machines pour surveiller en temps réel l'état de propreté des équipements. Ces capteurs détectent l'accumulation de résidus et peuvent déclencher des alertes pour le nettoyage.

2. Automatisation du nettoyage

Les systèmes de nettoyage automatisés sont de plus en plus utilisés dans les chaînes de production pour assurer une désinfection constante et efficace des machines, sans interruption de la production.

3. Revêtements antimicrobiens

L'utilisation de revêtements antimicrobiens sur les surfaces des machines et des environnements de production permet de réduire la prolifération des bactéries et des moisissures.

Les conséquences d'un manque d'hygiène dans les chaînes de production

1. Risques de santé publique

L'absence de normes d'hygiène peut entraîner la contamination des produits, ce qui représente un risque sérieux pour la santé publique. Les rappels de produits alimentaires ou pharmaceutiques contaminés peuvent causer des dommages irréparables à la réputation d'une entreprise.

2. Pertes économiques

Les entreprises qui ne respectent pas les normes d'hygiène peuvent être confrontées à des pertes financières importantes dues à des amendes, des rappels de produits ou des interruptions de production pour cause de contamination.

3. Non-conformité aux réglementations

De nombreuses industries sont soumises à des réglementations strictes en matière d'hygiène. Le non-respect de ces normes peut entraîner des sanctions légales et la suspension des opérations.

Conclusion

L'hygiène dans les chaînes de production industrielle est un enjeu majeur pour garantir la qualité des produits et la sécurité des consommateurs. En mettant en place des protocoles stricts, en formant régulièrement le personnel et en adoptant les nouvelles technologies, les entreprises peuvent minimiser les risques de contamination et assurer un environnement de production propre et sécurisé. L'hygiène n'est pas seulement une obligation légale, mais une condition sine qua non du succès à long terme de toute entreprise industrielle.

Le rôle de l'hygiène dans la satisfaction client

Résumé: Comprendre comment une hygiène irréprochable influence positivement la satisfaction et la fidélisation des clients.

Mots-clés: Hygiène, Satisfaction client, Fidélisation, Expérience client

Introduction

Dans un marché compétitif, la satisfaction client est essentielle pour le succès durable d'une entreprise. Si des facteurs tels que la qualité des produits et le service client sont primordiaux, l'hygiène joue également un rôle crucial. Cet article explore l'impact de l'hygiène sur la satisfaction des clients et fournit des conseils pour optimiser cet aspect.

L'hygiène comme élément clé de l'expérience client

- **Première impression** : Un environnement propre crée une image positive dès l'arrivée du client.

- **Confiance** : Une hygiène impeccable renforce la confiance dans les produits et services offerts.

- **Confort** : Les clients se sentent plus à l'aise et détendus dans un espace propre.

Secteurs où l'hygiène est particulièrement critique

Restauration et hôtellerie

- **Sécurité alimentaire** : Les clients s'attendent à des normes élevées pour éviter les risques sanitaires.

- **Confort des chambres** : La propreté influence directement la satisfaction des clients dans les hôtels.

Commerce de détail

- **Présentation des produits** : Des articles bien disposés dans un environnement propre attirent plus d'acheteurs.

- **Ambiance du magasin** : L'hygiène contribue à une expérience d'achat agréable.

Santé et bien-être

- **Confiance dans les soins** : Dans les cliniques ou les salons de beauté, une hygiène irréprochable est essentielle pour la sécurité et la confiance.

Impact de l'hygiène sur la fidélisation

- **Réputation** : Les clients satisfaits sont plus susceptibles de revenir et de recommander l'entreprise.

- **Avis et commentaires** : De bonnes critiques en ligne renforcent la crédibilité.

- **Différenciation** : Se distinguer de la concurrence par des normes d'hygiène élevées.

Stratégies pour améliorer l'hygiène

Formation du personnel

- **Sensibilisation** : Expliquer l'importance de l'hygiène pour la satisfaction client.

- **Procédures** : Établir des protocoles clairs pour le nettoyage et l'entretien.

- **Contrôle de qualité** : Mettre en place des vérifications régulières.

Communication avec les clients

- **Transparence** : Afficher les mesures prises pour assurer l'hygiène.

- **Feedback** : Encourager les clients à partager leurs impressions et suggestions.

Utilisation de technologies

- **Équipements modernes** : Investir dans du matériel de nettoyage efficace.

- **Automatisation** : Utiliser des systèmes pour surveiller et maintenir les normes d'hygiène.

Cas d'études réussies

- **Entreprises reconnues** : Analyse de sociétés ayant amélioré leur satisfaction client grâce à une meilleure hygiène.

- **Leçons apprises** : Points clés à retenir et à appliquer.

Conclusion

L'hygiène est un pilier fondamental de la satisfaction client. En investissant dans des pratiques d'hygiène rigoureuses, les entreprises peuvent non seulement améliorer l'expérience client, mais aussi renforcer leur réputation et favoriser la fidélisation. Dans un environnement où les clients sont de plus en plus exigeants, l'hygiène peut être le facteur qui fait la différence.

L'hygiène dans les espaces de coworking : défis et solutions

Résumé: Explorez les enjeux d'hygiène spécifiques aux espaces de coworking et découvrez des solutions pour assurer un environnement sain pour tous les usagers.

Mots-clés: Hygiène, Espaces de coworking, Environnement sain, Solutions

---

Introduction

Les espaces de coworking sont devenus des lieux incontournables pour les professionnels indépendants, les startups et même les grandes entreprises cherchant flexibilité et collaboration. Cependant, la nature partagée de ces espaces pose des défis uniques en matière d'hygiène. Cet article examine ces défis et propose des solutions pour maintenir un environnement de travail propre et sain.

Les défis spécifiques des espaces de coworking

Haute fréquentation et rotation

- **Flux constant d'usagers** : Des personnes différentes utilisent les mêmes espaces et équipements quotidiennement.

- **Variété des habitudes d'hygiène** : Les usagers proviennent de cultures et de milieux différents, avec des normes d'hygiène variées.

Espaces partagés

- **Bureaux communs** : Claviers, souris et chaises utilisés par plusieurs personnes.

- **Zones de détente** : Cuisines, salons et salles de réunion très fréquentés.

- **Équipements collectifs** : Imprimantes, photocopieuses, et autres appareils partagés.

Conséquences d'une mauvaise hygiène

- **Propagation des maladies** : Risque accru de transmission de virus et de bactéries.

- **Inconfort des usagers** : Un environnement sale peut affecter le bien-être et la productivité.

- **Réputation négative** : Un espace de coworking mal entretenu peut perdre des clients.

Solutions pour améliorer l'hygiène

Protocoles de nettoyage renforcés

- **Nettoyage quotidien** : Assurer un nettoyage régulier des surfaces fréquemment touchées.

- **Désinfection des équipements** : Utiliser des produits adaptés pour les claviers, écrans tactiles, etc.

- **Entreprise de nettoyage professionnelle** : Faire appel à des experts pour un entretien efficace.

Mise à disposition de ressources

- **Stations de désinfection** : Installer des distributeurs de gel hydroalcoolique dans les zones clés.

- **Fournitures de nettoyage** : Mettre à disposition des lingettes désinfectantes pour les usagers.

- **Poubelles adéquates** : Disposer des poubelles fermées et les vider régulièrement.

Sensibilisation des usagers

- **Affichage informatif** : Placer des posters rappelant les bonnes pratiques d'hygiène.

- **Communication régulière** : Envoyer des newsletters ou messages pour rappeler l'importance de l'hygiène.

- **Événements éducatifs** : Organiser des ateliers sur l'hygiène et le bien-être au travail.

Politiques claires

- **Règlement intérieur** : Inclure des directives sur l'hygiène et le comportement attendu.

- **Engagement des membres** : Faire signer une charte d'engagement à respecter les normes d'hygiène.

- **Gestion des incidents** : Établir une procédure pour signaler et traiter les problèmes d'hygiène.

Aménagement des espaces pour une meilleure hygiène

- **Matériaux faciles à nettoyer** : Utiliser des surfaces lisses et non poreuses pour les meubles et revêtements.

- **Espacement des postes de travail** : Favoriser la distanciation pour réduire la transmission des germes.

- **Ventilation adéquate** : Assurer une bonne circulation de l'air pour limiter les contaminants en suspension.

Conclusion

Assurer une hygiène irréprochable dans les espaces de coworking est essentiel pour le bien-être des usagers et le succès de l'entreprise. En mettant en place des protocoles efficaces, en sensibilisant les membres et en adaptant l'aménagement, il est possible de créer un environnement sain et accueillant pour tous.

Comment choisir un service de nettoyage professionnel pour votre entreprise

Résumé: Guide pratique pour sélectionner le service de nettoyage professionnel le mieux adapté aux besoins spécifiques de votre entreprise.

Mots-clés: Service de nettoyage, Entreprise, Sélection, Guide

Introduction

Un environnement de travail propre et bien entretenu est essentiel pour la productivité des employés et l'image de marque de l'entreprise. Faire appel à un service de nettoyage professionnel peut être la solution idéale. Cependant, avec tant d'options disponibles, comment choisir le prestataire qui convient le mieux à votre entreprise ? Cet article vous guide à travers les étapes clés pour faire le bon choix.

Évaluer les besoins de votre entreprise

Type d'espace

- **Bureaux** : Nécessitent un entretien régulier des surfaces, sols et équipements.

- **Espaces industriels** : Exigent des compétences spécifiques pour manipuler les machines et respecter les normes de sécurité.

- **Établissements de santé** : Demandent une désinfection rigoureuse et le respect des protocoles sanitaires.

Fréquence de nettoyage

- **Quotidien** : Pour les entreprises à haute fréquentation.

- **Hebdomadaire** : Pour les bureaux avec moins de passage.

- **Ponctuel** : Nettoyages en profondeur ou après événements.

Critères de sélection d'un service de nettoyage

Expérience et spécialisation

- **Références vérifiables** : Demander des témoignages ou des avis de clients précédents.

- **Spécialisation sectorielle** : Choisir un prestataire habitué à votre type d'activité.

Certification et conformité

- **Certifications professionnelles** : ISO, EcoVadis, ou autres labels de qualité.

- **Conformité légale** : Vérifier que l'entreprise respecte les réglementations en vigueur.

Personnel qualifié

- **Formation** : S'assurer que les employés sont formés aux techniques de nettoyage et aux normes de sécurité.

- **Stabilité de l'équipe** : Une équipe stable garantit une qualité constante.

Utilisation de produits et équipements

- **Produits écologiques** : Privilégier les prestataires utilisant des produits respectueux de l'environnement.

- **Équipements modernes** : Des machines efficaces pour un nettoyage optimal.

Flexibilité et personnalisation

- **Horaires adaptés** : Capacité à intervenir en dehors des heures de travail pour minimiser les perturbations.

- **Services sur mesure** : Possibilité d'adapter les prestations à vos besoins spécifiques.

Évaluation des coûts

- **Devis détaillé** : Demander un devis comprenant toutes les prestations pour éviter les surprises.

- **Rapport qualité-prix** : Ne pas choisir uniquement sur le prix, mais considérer la qualité du service.

Contrat et garanties

- **Clauses claires** : Un contrat détaillant les services, les fréquences, les horaires et les conditions.

- **Assurances** : Vérifier que le prestataire est assuré en cas de dommages ou d'accidents.

- **Engagement sur la qualité** : Présence d'une garantie de satisfaction ou d'un service après-vente.

Communication et relation client

- **Réactivité** : Capacité à répondre rapidement aux demandes ou aux problèmes.

- **Contact dédié** : Un interlocuteur unique pour faciliter les échanges.

- **Transparence** : Communication ouverte sur les méthodes, produits utilisés et protocoles suivis.

Procédure de sélection

1. **Recherche initiale** : Identifier plusieurs prestataires potentiels.

2. **Demande de devis** : Fournir des informations détaillées pour obtenir des offres précises.

3. **Rencontre et visite** : Organiser des rencontres pour évaluer le sérieux et la compréhension de vos besoins.

4. **Vérification des références** : Contacter des clients actuels ou passés.

5. **Comparaison et décision** : Peser les avantages et inconvénients de chaque option avant de décider.

Conclusion

Choisir le bon service de nettoyage professionnel est une décision importante qui impacte directement le bien-être de vos employés et l'image de votre entreprise. En suivant ces étapes et en prenant en compte les critères essentiels, vous pouvez sélectionner un prestataire qui répondra à vos attentes et contribuera au succès de votre entreprise.

Les technologies émergentes dans le secteur de la propreté industrielle

Résumé: Découvrez comment les innovations technologiques transforment le secteur de la propreté industrielle, améliorant l'efficacité et la durabilité des opérations de nettoyage.

Mots-clés: Propreté industrielle, Technologies émergentes, Innovations, Efficacité

Introduction

Le secteur de la propreté industrielle est en pleine mutation grâce aux avancées technologiques. Des robots autonomes aux solutions de nettoyage écologiques, ces innovations offrent de nouvelles opportunités pour améliorer l'efficacité, la sécurité et la durabilité des opérations de nettoyage. Cet article explore les technologies émergentes qui révolutionnent la propreté industrielle.

Robots de nettoyage autonomes

Fonctionnalités avancées

- **Navigation intelligente** : Capacité à se déplacer de manière autonome en évitant les obstacles.

- **Programmation personnalisée** : Possibilité de définir des itinéraires et des horaires spécifiques.

Avantages

- **Efficacité accrue** : Nettoyage continu sans interruption.

- **Réduction des coûts** : Diminution de la main-d'œuvre pour les tâches répétitives.

- **Sécurité** : Moins d'exposition des employés à des environnements dangereux.

Internet des objets (IoT) et capteurs intelligents

Surveillance en temps réel

- **Capteurs intégrés** : Suivi de la propreté, de l'humidité, de la qualité de l'air.

- **Alertes automatisées** : Notification en cas de dépassement de seuils prédéfinis.

Gestion optimisée

- **Planification proactive** : Intervention ciblée en fonction des données collectées.

- **Maintenance prédictive** : Anticipation des pannes d'équipement pour éviter les interruptions.

Réalité augmentée (RA) et réalité virtuelle (RV)

Formation immersive

- **Simulations** : Entraînement des employés dans des environnements virtuels sécurisés.

- **Guidage en temps réel** : Assistance visuelle pour les tâches complexes.

Maintenance assistée

- **Diagnostics rapides** : Identification des problèmes d'équipement avec des superpositions visuelles.

- **Instructions pas à pas** : Facilitation des réparations et de l'entretien.

Technologies de nettoyage écologiques

Nanotechnologie

- **Revêtements autonettoyants** : Surfaces qui repoussent la saleté et les contaminants.

- **Produits de nettoyage nanostructurés** : Amélioration de l'efficacité tout en réduisant l'utilisation de produits chimiques.

Nettoyage à la vapeur et à l'eau ultra-haute pression

- **Élimination des contaminants sans produits chimiques** : Utilisation de la chaleur et de la pression pour décontaminer.

Intelligence artificielle (IA) et apprentissage automatique

Optimisation des processus

- **Analyse des données** : Identification des schémas pour améliorer les routines de nettoyage.

- **Adaptation en temps réel** : Ajustement des opérations en fonction des conditions changeantes.

Service client amélioré

- **Chatbots et assistants virtuels** : Réponse rapide aux demandes et gestion des services.

Impression 3D pour la fabrication d'équipements

- **Personnalisation des outils** : Création d'outils spécifiques adaptés aux besoins.

- **Réduction des délais** : Fabrication rapide de pièces de rechange.

Défis et considérations

Investissement initial

- **Coûts élevés** : Certaines technologies nécessitent un investissement important.

- **Retour sur investissement** : Importance d'évaluer l'efficacité à long terme.

Formation du personnel

- **Acquisition de nouvelles compétences** : Besoin de former les employés aux nouvelles technologies.

- **Gestion du changement** : Accompagnement pour faciliter l'adoption.

Sécurité et confidentialité

- **Protection des données** : Sécurisation des informations collectées par les dispositifs connectés.

- **Conformité réglementaire** : Respect des lois en vigueur sur la vie privée et la sécurité.

Conclusion

Les technologies émergentes transforment le secteur de la propreté industrielle, offrant des solutions innovantes pour relever les défis actuels. En adoptant ces innovations, les entreprises peuvent améliorer leur efficacité opérationnelle, réduire leur impact environnemental et offrir un meilleur service à leurs clients. Toutefois, une approche stratégique est essentielle pour maximiser les avantages tout en gérant les défis associés.

Intégrer l'hygiène dans la culture de l'entreprise

Résumé: Découvrez comment faire de l'hygiène une composante essentielle de la culture de votre entreprise pour améliorer le bien-être et la productivité.

Mots-clés: Hygiène, Culture d'entreprise, Bien-être, Productivité

Introduction

L'hygiène ne se limite pas à des protocoles de nettoyage ou à des mesures sanitaires ponctuelles. Lorsqu'elle est intégrée à la culture d'entreprise, elle devient un pilier du bien-être des employés et de l'efficacité opérationnelle. Cet article explore les étapes pour intégrer l'hygiène dans la culture de votre entreprise, les avantages qui en découlent et les moyens de pérenniser cette démarche.

Pourquoi intégrer l'hygiène dans la culture d'entreprise ?

Amélioration du bien-être des employés

- **Santé** : Réduction des maladies et des arrêts maladie.

- **Confort** : Un environnement propre favorise le bien-être psychologique.

Augmentation de la productivité

- **Concentration** : Un espace de travail propre réduit les distractions.

- **Motivation** : Les employés se sentent valorisés dans un environnement soigné.

Renforcement de l'image de marque

- **Réputation** : Une entreprise hygiénique est perçue comme professionnelle.

- **Attraction des talents** : Les candidats sont attirés par des environnements sains.

Étapes pour intégrer l'hygiène dans la culture d'entreprise

1. Engagement de la direction

- **Leadership exemplaire** : Les dirigeants doivent montrer l'exemple en respectant les normes d'hygiène.

- **Communication** : Définir et partager une vision claire de l'importance de l'hygiène.

2. Élaboration de politiques et de procédures claires

- **Guidelines écrites** : Créer des documents détaillant les pratiques d'hygiène attendues.

- **Mise à jour régulière** : Adapter les politiques en fonction des évolutions et des retours.

3. Formation et sensibilisation

- **Programmes de formation** : Organiser des sessions pour éduquer le personnel sur les bonnes pratiques.

- **Supports pédagogiques** : Affiches, guides, vidéos pour rappeler les règles.

4. Implication des employés

- **Groupes de travail** : Former des comités dédiés à l'hygiène.

- **Feedback** : Encourager les suggestions et les signalements d'améliorations possibles.

5. Reconnaissance et récompenses

- **Valorisation des efforts** : Récompenser les équipes ou individus exemplaires.

- **Challenges internes** : Organiser des concours pour promouvoir l'hygiène.

Pérenniser l'hygiène dans la culture d'entreprise

Intégration dans les processus

- **Intégration RH** : Inclure l'hygiène dans les descriptions de poste et les évaluations de performance.

- **Procédures opérationnelles** : Intégrer les normes d'hygiène dans les processus quotidiens.

Mesure et suivi

- **Indicateurs de performance** : Définir des KPI liés à l'hygiène.

- **Audits réguliers** : Effectuer des contrôles pour assurer le respect des normes.

Adaptation continue

- **Veille sanitaire** : Se tenir informé des nouvelles réglementations et des meilleures pratiques.

- **Flexibilité** : Adapter les stratégies en fonction des retours et des besoins émergents.

Avantages à long terme

- **Résilience face aux crises** : Une culture hygiénique prépare l'entreprise aux défis sanitaires.

- **Engagement des employés** : Un environnement sain favorise la fidélisation du personnel.

- **Compétitivité accrue** : Les clients et partenaires valorisent les entreprises responsables.

Conclusion

Intégrer l'hygiène dans la culture de l'entreprise est un investissement stratégique qui profite à tous les niveaux. En faisant de l'hygiène une valeur fondamentale, les entreprises peuvent améliorer le bien-être de leurs employés, augmenter leur productivité et renforcer leur position sur le marché. Il s'agit d'un processus continu qui nécessite engagement, communication et adaptation.

Les protocoles d'hygiène pour les événements de grande envergure

Résumé: Apprenez à mettre en place des protocoles d'hygiène efficaces pour assurer la sécurité des participants lors d'événements de grande envergure.

Mots-clés: Protocoles d'hygiène, Événements, Sécurité, Participants

Introduction

Organiser un événement de grande envergure, qu'il s'agisse d'un festival, d'une conférence ou d'un salon professionnel, implique de rassembler un grand nombre de personnes dans un même espace. Dans ce contexte, la mise en place de protocoles d'hygiène robustes est essentielle pour prévenir la propagation des maladies et assurer la sécurité de tous. Cet article détaille les étapes clés pour élaborer et mettre en œuvre ces protocoles.

Pourquoi les protocoles d'hygiène sont-ils cruciaux pour les grands événements ?

- **Risques sanitaires accrus** : La densité de population augmente les chances de transmission d'agents pathogènes.

- **Responsabilité légale** : Les organisateurs ont une obligation de sécurité envers les participants.

- **Image de marque** : Un événement bien géré en matière d'hygiène renforce la réputation des organisateurs.

Étapes pour élaborer des protocoles d'hygiène efficaces

1. Évaluation des risques

- **Analyse des menaces** : Identifier les risques liés à la nature de l'événement.

- **Consultation d'experts** : Collaborer avec des professionnels de la santé et de la sécurité.

2. Planification des mesures d'hygiène

- **Zones critiques** : Identifier les zones nécessitant une attention particulière (entrées, toilettes, zones de restauration).

- **Matériel nécessaire** : Prévoir les équipements (stations de désinfection, panneaux d'information, EPI).

3. Mise en place des infrastructures

- **Stations de lavage des mains** : Installer des points d'eau avec savon ou des distributeurs de gel hydroalcoolique.

- **Signalétique** : Afficher des consignes claires sur les bonnes pratiques d'hygiène.

- **Circulation des foules** : Organiser les flux pour éviter les regroupements.

4. Formation du personnel

- **Protocoles clairs** : Former le personnel aux procédures d'hygiène et de sécurité.

- **Responsabilisation** : Désigner des responsables pour superviser la mise en œuvre des mesures.

5. Communication avec les participants

- **Avant l'événement** : Informer des mesures mises en place et des comportements attendus.

- **Pendant l'événement** : Utiliser des annonces et des supports visuels pour rappeler les consignes.

Mesures spécifiques à considérer

Contrôles sanitaires à l'entrée

- **Vérification de la température** : Utiliser des thermomètres sans contact.

- **Questionnaires de santé** : Demander aux participants de déclarer tout symptôme.

Gestion des espaces clos

- **Ventilation** : Assurer une bonne circulation de l'air.

- **Capacité limitée** : Réguler le nombre de personnes présentes simultanément.

Hygiène alimentaire

- **Normes strictes pour les fournisseurs** : S'assurer qu'ils respectent les règles sanitaires.

- **Emballages individuels** : Préférer les portions emballées pour réduire les contacts.

Gestion des incidents

- **Procédure en cas de maladie** : Prévoir un protocole pour isoler et prendre en charge les personnes présentant des symptômes.

- **Coordination avec les autorités** : Collaborer avec les services de santé locaux.

Évaluation post-événement

- **Feedback** : Recueillir les retours des participants et du personnel.

- **Analyse des données** : Évaluer l'efficacité des mesures et identifier les axes d'amélioration.

Conclusion

La mise en place de protocoles d'hygiène pour les événements de grande envergure est un processus complexe mais indispensable. En anticipant les risques et en adoptant une approche proactive, les organisateurs peuvent assurer la sécurité des participants, renforcer la confiance du public et garantir le succès de leurs événements.

Les meilleures pratiques pour le nettoyage des équipements informatiques

Résumé: Découvrez comment entretenir et nettoyer vos équipements informatiques en toute sécurité pour prolonger leur durée de vie et assurer leur bon fonctionnement.

Mots-clés: Nettoyage, Équipements informatiques, Entretien, Sécurité

Introduction

Les équipements informatiques, tels que les ordinateurs, claviers, souris et écrans, sont essentiels au fonctionnement quotidien des entreprises. Cependant, ils accumulent facilement la poussière, les germes et les débris, ce qui peut affecter leur performance et constituer un risque pour la santé. Cet article présente les meilleures pratiques pour le nettoyage efficace et sûr des équipements informatiques.

Pourquoi est-il important de nettoyer les équipements informatiques ?

- **Performance optimale** : La poussière et la saleté peuvent entraîner une surchauffe ou des dysfonctionnements.

- **Hygiène** : Les claviers et souris sont des nids à bactéries, pouvant propager des maladies.

- **Longévité** : Un entretien régulier prolonge la durée de vie des appareils.

Précautions avant de commencer

- **Déconnexion** : Toujours éteindre et débrancher l'appareil avant le nettoyage.

- **Documentation** : Consulter le manuel du fabricant pour des instructions spécifiques.

- **Produits adaptés** : Utiliser des produits conçus pour les équipements électroniques.

Matériel nécessaire

- **Chiffons en microfibres** : Non pelucheux pour éviter les résidus.

- **Aérosol d'air comprimé** : Pour déloger la poussière des zones difficiles d'accès.

- **Alcool isopropylique (70%)** : Pour désinfecter sans endommager les surfaces.

- **Cotons-tiges** : Pour les petits recoins.

Étapes de nettoyage

1. Nettoyage du clavier

- **Secouer délicatement** : Retourner le clavier pour éliminer les miettes.

- **Air comprimé** : Souffler entre les touches pour déloger la poussière.

- **Désinfection** : Passer un chiffon imbibé d'alcool isopropylique sur les touches.

2. Nettoyage de la souris

- **Surface externe** : Essuyer avec un chiffon humide non trempé.

- **Capteur optique** : Nettoyer délicatement avec un coton-tige sec.

- **Patins** : Vérifier et nettoyer pour assurer une glisse optimale.

3. Nettoyage de l'écran

- **Éteindre l'écran** : Pour mieux voir la saleté et éviter les dommages.

- **Chiffon en microfibres** : Essuyer doucement sans exercer de pression excessive.

- **Produits spécialisés** : Utiliser des solutions conçues pour les écrans si nécessaire.

4. Nettoyage de l'unité centrale ou du portable

- **Extérieur** : Essuyer avec un chiffon légèrement humide.

- **Ports et ventilations** : Utiliser l'air comprimé pour enlever la poussière.

- **Intérieur** : Pour les PC de bureau, nettoyer l'intérieur avec précaution ou faire appel à un professionnel.

Fréquence de nettoyage

- **Quotidien** : Désinfection rapide des surfaces fréquemment touchées.

- **Hebdomadaire** : Nettoyage plus approfondi des claviers et souris.

- **Mensuel** : Entretien des écrans et des unités centrales.

Erreurs à éviter

- **Liquides excessifs** : Ne jamais pulvériser directement sur l'appareil.

- **Produits abrasifs** : Éviter les nettoyants contenant de l'ammoniaque ou des solvants.

- **Pression excessive** : Ne pas appuyer trop fort sur les écrans ou les touches.

Conseils supplémentaires

- **Hygiène personnelle** : Se laver les mains avant d'utiliser les équipements.

- **Couvertures de protection** : Utiliser des housses pour les claviers dans les environnements poussiéreux.

- **Formation** : Sensibiliser le personnel aux bonnes pratiques de nettoyage.

Conclusion

Le nettoyage régulier des équipements informatiques est essentiel pour assurer leur bon fonctionnement et maintenir un environnement de travail sain. En suivant ces meilleures pratiques, vous pouvez prolonger la durée de vie de vos appareils, améliorer leur performance et contribuer à la santé générale de vos employés.

L'importance de la désinfection dans les établissements scolaires

Résumé: Découvrez pourquoi la désinfection est cruciale dans les écoles pour protéger la santé des élèves et du personnel.

Mots-clés: Désinfection, Écoles, Santé publique, Hygiène

Introduction

Les établissements scolaires sont des lieux où de nombreux enfants et adultes se côtoient quotidiennement. Cette proximité favorise la transmission de maladies infectieuses si des mesures d'hygiène adéquates ne sont pas mises en place. La désinfection régulière des écoles est donc essentielle pour assurer la santé et le bien-être de tous. Cet article examine l'importance de la désinfection dans les écoles et propose des stratégies pour maintenir un environnement sain.

Pourquoi la désinfection est-elle cruciale dans les écoles ?

Transmission rapide des maladies

- **Proximité physique** : Les salles de classe, les cantines et les aires de jeux sont des espaces où les contacts sont fréquents.

- **Hygiène personnelle variable** : Les enfants, surtout les plus jeunes, peuvent ne pas avoir acquis de bonnes pratiques d'hygiène.

- **Objets partagés** : Matériel scolaire, jouets et équipements sportifs sont manipulés par plusieurs personnes.

Impact sur la santé publique

- **Épidémies** : Les écoles peuvent être des foyers de propagation pour des maladies comme la grippe, la gastro-entérite ou la varicelle.

- **Absences scolaires** : Les maladies entraînent des absences qui affectent l'apprentissage.

- **Propagation communautaire** : Les enfants peuvent ramener les infections à la maison, touchant ainsi la communauté plus large.

Zones clés nécessitant une désinfection

Salles de classe

- **Bureaux et chaises** : Surfaces fréquemment touchées par les élèves.

- **Matériel pédagogique** : Livres, ordinateurs, tableaux interactifs.

Sanitaires

- **Toilettes** : Nécessitent un nettoyage et une désinfection approfondis.

- **Lavabos et robinets** : Points de contact majeurs pour les germes.

Cantines et cuisines

- **Tables et chaises** : Doivent être nettoyées entre chaque utilisation.

- **Ustensiles et plateaux** : Désinfection pour éviter les maladies d'origine alimentaire.

Aires de jeux et équipements sportifs

- **Jeux extérieurs** : Balançoires, toboggans, etc.

- **Équipements intérieurs** : Ballons, tapis de gym.

Stratégies pour une désinfection efficace

Établir un plan de désinfection

- **Fréquence** : Définir des intervalles réguliers pour le nettoyage et la désinfection.

- **Priorités** : Identifier les zones à haut risque nécessitant une attention particulière.

- **Produits appropriés** : Utiliser des désinfectants approuvés pour une efficacité maximale.

Former le personnel

- **Techniques de nettoyage** : Former les agents d'entretien aux meilleures pratiques.

- **Sécurité** : Sensibiliser à l'utilisation sécuritaire des produits chimiques.

Impliquer la communauté scolaire

- **Éducation des élèves** : Enseigner l'importance de l'hygiène personnelle, comme le lavage des mains.

- **Participation du personnel** : Encourager les enseignants à maintenir la propreté de leur classe.

- **Communication avec les parents** : Informer sur les mesures prises et les impliquer dans la promotion de l'hygiène.

Utiliser des technologies modernes

- **Désinfection par UV** : Utilisation d'appareils UV pour désinfecter les salles.

- **Nébulisation** : Application de désinfectants sous forme de brouillard pour couvrir de grandes surfaces.

Prévention des infections

Promouvoir le lavage des mains

- **Stations de lavage** : Installer des lavabos supplémentaires et des distributeurs de savon.

- **Désinfectants pour les mains** : Mettre à disposition des gels hydroalcooliques.

Gestion des absences pour maladie

- **Politique claire** : Encourager les parents à garder les enfants malades à la maison.

- **Surveillance** : Suivre les tendances des maladies pour réagir rapidement.

Conclusion

La désinfection dans les établissements scolaires est une responsabilité collective qui nécessite la collaboration de l'administration, du personnel, des élèves et des parents. En mettant en place des stratégies efficaces et en sensibilisant la communauté scolaire, il est possible de réduire la propagation des maladies et de créer un environnement d'apprentissage sûr et sain.

Les enjeux de l'hygiène dans les hôpitaux et cliniques

Résumé: Analyse des défis liés à l'hygiène dans les établissements de santé et des solutions pour prévenir les infections nosocomiales.

Mots-clés: Hygiène hospitalière, Infections nosocomiales, Établissements de santé, Prévention

Introduction

Les hôpitaux et cliniques sont des lieux où les patients vulnérables viennent chercher des soins. Ironiquement, ils peuvent également être des endroits où les infections sont contractées si les normes d'hygiène ne sont pas rigoureusement respectées. Les infections nosocomiales représentent un défi majeur pour les systèmes de santé. Cet article explore les enjeux de l'hygiène dans les établissements de santé et propose des mesures pour améliorer la sécurité des patients.

Les défis de l'hygiène dans les établissements de santé

Présence de patients vulnérables

- **Systèmes immunitaires affaiblis** : Les patients sont plus susceptibles de contracter des infections.

- **Procédures invasives** : Chirurgies, cathéters et autres procédures augmentent les risques.

Multiplicité des agents pathogènes

- **Bactéries résistantes** : Comme le Staphylococcus aureus résistant à la méthiciline (SARM).

- **Virus et champignons** : Présence de divers micro-organismes potentiellement dangereux.

Environnement complexe

- **Flux constant de personnes** : Patients, visiteurs, personnel médical.

- **Surface étendue** : De nombreuses zones à nettoyer, des salles d'opération aux chambres.

Conséquences des infections nosocomiales

- **Santé des patients** : Prolongation des séjours, complications, voire décès.

- **Coûts financiers** : Augmentation des dépenses pour le traitement des infections.

- **Confiance du public** : Atteinte à la réputation de l'établissement.

Mesures pour améliorer l'hygiène hospitalière

Hygiène des mains

- **Formation** : Sensibiliser le personnel à l'importance du lavage des mains.

- **Accessibilité** : Installer des distributeurs de savon et de désinfectant à des endroits stratégiques.

- **Protocoles** : Établir des procédures standardisées pour le lavage des mains.

Nettoyage et désinfection des surfaces

- **Produits efficaces** : Utiliser des désinfectants adaptés aux micro-organismes ciblés.

- **Fréquence** : Nettoyer régulièrement les surfaces fréquemment touchées.

- **Équipements spécialisés** : Utiliser des technologies comme les lampes UV pour la désinfection.

Stérilisation du matériel médical

- **Protocoles stricts** : Suivre des procédures de stérilisation rigoureuses.

- **Contrôles qualité** : Vérifier régulièrement l'efficacité des stérilisateurs.

- **Équipement à usage unique** : Utiliser des dispositifs jetables lorsque c'est possible.

Gestion des déchets médicaux

- **Séparation des déchets** : Classifier correctement les déchets biologiques, tranchants, etc.

- **Élimination sécurisée** : Collaborer avec des services spécialisés pour le traitement des déchets.

- **Formation du personnel** : Sensibiliser à la manipulation sûre des déchets.

Surveillance et contrôle des infections

- **Comités dédiés** : Mettre en place des équipes pour surveiller les infections nosocomiales.

- **Collecte de données** : Suivre les cas d'infection pour identifier les tendances.

- **Réponse rapide** : Isoler les patients infectés et mettre en place des mesures correctives.

Engagement du personnel et de la direction

- **Culture de la sécurité** : Promouvoir une attitude proactive envers la prévention des infections.

- **Responsabilité partagée** : Chaque membre du personnel doit se sentir concerné.

- **Reconnaissance** : Valoriser les efforts du personnel respectant les normes d'hygiène.

Conclusion

Les enjeux de l'hygiène dans les hôpitaux et cliniques sont complexes et nécessitent une approche multidimensionnelle. En mettant en place des mesures efficaces et en impliquant tous les acteurs, il est possible de réduire significativement les infections nosocomiales. La santé et la sécurité des patients dépendent d'un engagement constant envers l'excellence en matière d'hygiène.

Les avantages des produits de nettoyage écologiques pour les entreprises

Résumé: Découvrez comment les produits de nettoyage écologiques peuvent bénéficier aux entreprises en termes de santé, d'environnement et d'image de marque.

Mots-clés: Produits écologiques, Nettoyage, Entreprises, Avantages

Introduction

De plus en plus d'entreprises cherchent à adopter des pratiques durables pour répondre aux attentes des consommateurs et contribuer à la protection de l'environnement. L'utilisation de produits de nettoyage écologiques est une étape importante dans cette démarche. Cet article explore les avantages que ces produits offrent aux entreprises, allant au-delà de la simple responsabilité environnementale.

Qu'est-ce qu'un produit de nettoyage écologique ?

- **Ingrédients naturels** : Formulés à partir de composants biodégradables et non toxiques.

- **Production durable** : Fabriqués avec des méthodes respectueuses de l'environnement.

- **Emballages recyclables** : Utilisation de matériaux recyclés ou recyclables pour les contenants.

- **Labels reconnus** : Certifiés par des organismes tels que l'Écologo, Écolabel Européen ou Ecocert.

Avantages pour la santé

Pour les employés

- **Réduction des irritations** : Moins de risques d'allergies, d'irritations cutanées ou respiratoires.

- **Environnement de travail plus sain** : Amélioration de la qualité de l'air intérieur.

- **Moins d'absentéisme** : Diminution des maladies liées à l'exposition aux produits chimiques.

Pour les clients

- **Confort accru** : Atmosphère plus agréable sans odeurs chimiques fortes.

- **Sécurité** : Moins de risques pour les clients sensibles ou allergiques.

Avantages environnementaux

- **Biodégradabilité** : Les produits se décomposent sans nuire à l'écosystème.

- **Réduction de la pollution** : Moins de rejets de substances nocives dans l'eau et le sol.

- **Économie de ressources** : Moins d'énergie et de matières premières utilisées dans la production.

Avantages économiques

Coûts à long terme

- **Durabilité des équipements** : Moins corrosifs, ils préservent les surfaces et les machines.

- **Réduction des déchets** : Emballages recyclables réduisant les coûts de gestion des déchets.

- **Efficacité** : Les produits concentrés nécessitent moins de quantité pour le même résultat.

Attraction des clients

- **Image positive** : Renforcement de la réputation en tant qu'entreprise responsable.

- **Différenciation** : Se démarquer de la concurrence en adoptant des pratiques durables.

- **Fidélisation** : Les clients sensibles à l'écologie préfèrent les entreprises engagées.

Conformité réglementaire

- **Anticipation des lois** : Se conformer aux réglementations environnementales de plus en plus strictes.

- **Éviter les sanctions** : Réduction des risques d'amendes liées à l'utilisation de produits nocifs.

Mise en œuvre dans l'entreprise

Choix des produits

- **Rechercher les labels** : Sélectionner des produits certifiés écologiques.

- **Comparer l'efficacité** : S'assurer que les produits répondent aux besoins de nettoyage.

- **Tester les produits** : Faire des essais pour vérifier la compatibilité avec les surfaces et équipements.

Formation du personnel

- **Sensibilisation** : Expliquer les avantages des produits écologiques.

- **Instructions d'utilisation** : Former sur les dosages et méthodes spécifiques.

- **Encouragement** : Impliquer le personnel dans la démarche écologique.

Communication

- **Informer les clients** : Mettre en avant l'engagement écologique de l'entreprise.

- **Transparence** : Partager les efforts et les résultats obtenus.

Conclusion

Adopter des produits de nettoyage écologiques offre de multiples avantages pour les entreprises. Au-delà de la protection de l'environnement, c'est une démarche qui favorise la santé des employés, améliore l'image de marque et peut même générer des économies à long terme. C'est un choix gagnant pour l'entreprise, ses collaborateurs, ses clients et la planète.

Les normes HACCP : guide complet pour les entreprises alimentaires

Résumé: Comprendre et appliquer les normes HACCP pour assurer la sécurité alimentaire et la conformité réglementaire.

Mots-clés: HACCP, Sécurité alimentaire, Normes, Entreprises alimentaires

Introduction

Dans l'industrie alimentaire, la sécurité des produits est primordiale pour protéger les consommateurs et maintenir la réputation des entreprises. Le système HACCP (Hazard Analysis and Critical Control Points) est une approche préventive reconnue mondialement pour identifier, évaluer et contrôler les dangers liés à la sécurité alimentaire. Cet article offre un guide complet sur les normes HACCP, leur importance et comment les mettre en œuvre dans votre entreprise.

Qu'est-ce que le HACCP ?

Le HACCP est une méthode systématique qui vise à garantir la sécurité alimentaire en se concentrant sur la prévention plutôt que sur le contrôle final du produit.

Les principes fondamentaux du HACCP

1. **Analyse des dangers** : Identifier les dangers biologiques, chimiques et physiques.

2. **Détermination des points critiques de contrôle (CCP)** : Points où le danger peut être prévenu, éliminé ou réduit.

3. **Établissement de limites critiques** : Paramètres acceptables pour chaque CCP.

4. **Surveillance des CCP** : Méthodes pour vérifier que les CCP sont sous contrôle.

5. **Actions correctives** : Mesures à prendre lorsque les limites critiques ne sont pas respectées.

---

6. **Vérification** : Validation que le système HACCP fonctionne efficacement.

7. **Documentation et enregistrement** : Tenir des registres pour prouver la conformité.

Pourquoi le HACCP est-il important ?

- **Conformité légale** : Dans de nombreux pays, l'application du HACCP est une exigence réglementaire.

- **Protection des consommateurs** : Réduit le risque de contamination et d'intoxication alimentaire.

- **Avantage concurrentiel** : Renforce la confiance des clients et partenaires.

- **Gestion efficace des risques** : Permet une identification précoce des problèmes potentiels.

Mise en œuvre du HACCP dans votre entreprise

1. Former une équipe HACCP

- **Composition** : Inclure des personnes de différents départements (production, qualité, maintenance).

- **Compétences** : Assurer que l'équipe a les connaissances nécessaires en sécurité alimentaire.

2. Décrire le produit

- **Caractéristiques** : Ingrédients, composition, méthodes de traitement.

- **Utilisation prévue** : Consommateurs cibles, conditions d'utilisation.

3. Élaborer un diagramme de flux

- **Processus détaillé** : Visualiser chaque étape de la production.

- **Validation** : Confirmer que le diagramme reflète fidèlement le processus réel.

4. Identifier et analyser les dangers

- **Dangers biologiques** : Bactéries, virus, parasites.

- **Dangers chimiques** : Résidus de pesticides, allergènes.

- **Dangers physiques** : Corps étrangers tels que le verre, le métal.

5. Déterminer les CCP

- **Utilisation de l'arbre de décision HACCP** : Outil pour identifier les points critiques.

6. Établir les limites critiques

- **Paramètres mesurables** : Température, pH, temps de cuisson.

- **Basés sur des normes scientifiques** : Références réglementaires ou études validées.

7. Mettre en place des procédures de surveillance

- **Fréquence** : À quelle fréquence les CCP seront surveillés.

- **Responsables** : Qui est chargé de la surveillance.

8. Définir les actions correctives

- **Procédures claires** : Étapes à suivre en cas de déviation.

- **Enregistrement** : Documenter les actions prises.

9. Procédures de vérification

- **Audits internes** : Évaluer l'efficacité du système.

- **Tests microbiologiques** : Vérifier la sécurité des produits.

10. Documentation

- **Registres** : Conserver toutes les preuves de conformité.

- **Mises à jour** : Réviser régulièrement le plan HACCP.

Conseils pour une mise en œuvre réussie

- **Impliquer tout le personnel** : La sensibilisation de tous les employés est essentielle.

- **Formation continue** : Mettre à jour les connaissances sur les nouvelles réglementations et technologies.

- **Culture de la sécurité alimentaire** : Favoriser une attitude proactive envers la qualité et la sécurité.

Défis courants et solutions

- **Résistance au changement** : Communiquer clairement les avantages du HACCP.

- **Complexité du processus** : Diviser le plan en étapes gérables.

- **Coûts initiaux** : Considérer le HACCP comme un investissement à long terme.

Conclusion

La mise en œuvre des normes HACCP est indispensable pour toute entreprise alimentaire soucieuse de garantir la sécurité de ses produits. En adoptant une approche proactive et systématique, vous pouvez non seulement vous conformer aux exigences légales, mais aussi renforcer la confiance de vos clients et améliorer vos processus internes. Le HACCP est un outil puissant pour assurer la qualité et la sécurité tout au long de la chaîne de production alimentaire.

Les défis de l'hygiène dans les zones de construction

Résumé: Analyse des enjeux d'hygiène sur les chantiers de construction et des stratégies pour maintenir un environnement de travail propre et sûr.

Mots-clés: Hygiène, Construction, Chantiers, Sécurité au travail

Introduction

Les chantiers de construction sont des environnements dynamiques et complexes où coexistent de nombreux risques pour la santé et la sécurité. Si la sécurité physique est souvent au centre des préoccupations, l'hygiène est un aspect tout aussi crucial qui peut avoir un impact significatif sur le bien-être des travailleurs et la qualité du travail. Cet article explore les défis de l'hygiène dans les zones de construction et propose des solutions pour y remédier.

Les enjeux d'hygiène sur les chantiers

Accumulation de poussières et débris

- **Sources** : Découpe de matériaux, démolition, transport de terre.

- **Risques** : Problèmes respiratoires, irritation des yeux et de la peau.

Présence de substances dangereuses

- **Amiante** : Dans les bâtiments anciens.

- **Produits chimiques** : Peintures, solvants, adhésifs.

- **Moisissures** : Dans les zones humides ou mal ventilées.

Installations sanitaires insuffisantes

- **Toilettes** : Nombre insuffisant ou mal entretenues.

- **Zones de repos** : Manque d'espaces propres pour les pauses.

- **Accès à l'eau** : Pour le lavage des mains ou l'hydratation.

Gestion des déchets

- **Déchets non triés** : Mélange de déchets dangereux et non dangereux.

- **Stockage inapproprié** : Risque de contamination du sol et de l'eau.

Impact sur la santé et la sécurité

- **Maladies professionnelles** : Asthme, dermatites, intoxications.

- **Accidents** : Glissades, chutes causées par des débris ou des surfaces sales.

- **Productivité réduite** : Maladie et absentéisme des travailleurs.

Stratégies pour améliorer l'hygiène sur les chantiers

1. Planification préalable

- **Évaluation des risques** : Identifier les dangers liés à l'hygiène.

- **Plan d'action** : Élaborer des procédures pour gérer les risques identifiés.

2. Contrôle de la poussière et des débris

- **Arrosage** : Humidifier les zones poussiéreuses.

- **Équipements adaptés** : Utiliser des outils avec aspiration intégrée.

- **Nettoyage régulier** : Balayer et éliminer les débris quotidiennement.

3. Gestion des substances dangereuses

- **Formation** : Informer les travailleurs sur les dangers et les procédures de manipulation.

- **Équipements de protection individuelle (EPI)** : Fournir des masques, gants, lunettes.

- **Stockage sécurisé** : Entreposer les produits chimiques dans des zones appropriées.

4. Amélioration des installations sanitaires

- **Nombre suffisant** : Installer suffisamment de toilettes pour le personnel.

- **Entretien régulier** : Assurer la propreté et la disponibilité des fournitures.

- **Zones de lavage** : Fournir des stations de lavage des mains avec savon et serviettes.

5. Gestion efficace des déchets

- **Tri à la source** : Séparer les déchets recyclables, dangereux et ordinaires.

- **Conteneurs appropriés** : Utiliser des bennes et poubelles adaptées.

- **Élimination conforme** : Collaborer avec des entreprises spécialisées pour le traitement des déchets dangereux.

6. Sensibilisation et formation

- **Programmes éducatifs** : Former le personnel sur l'importance de l'hygiène.

- **Affichages** : Placer des panneaux rappelant les bonnes pratiques.

- **Responsabilisation** : Encourager chacun à maintenir un environnement propre.

Utilisation de technologies pour améliorer l'hygiène

- **Aspiration centralisée** : Systèmes pour éliminer la poussière à la source.

- **Matériaux écologiques** : Utiliser des produits moins nocifs pour la santé.

- **Applications mobiles** : Outils pour signaler les problèmes d'hygiène en temps réel.

Conformité légale et réglementaire

- **Normes nationales** : Respecter les réglementations en matière de santé et sécurité au travail.

- **Inspections régulières** : Collaborer avec les autorités pour garantir la conformité.

- **Sanctions** : Comprendre les conséquences du non-respect des normes.

Conclusion

L'hygiène sur les chantiers de construction est un enjeu majeur qui nécessite une attention particulière. En mettant en place des stratégies efficaces et en impliquant tous les acteurs, il est possible de créer un environnement de travail plus sûr, plus sain et plus productif. L'investissement dans l'hygiène n'est pas seulement une obligation légale, mais aussi un élément clé pour le succès à long terme des projets de construction.

Comment prévenir la contamination croisée dans les environnements de production

Résumé: Stratégies essentielles pour éviter la contamination croisée dans les processus de production, assurant la qualité et la sécurité des produits.

Mots-clés: Contamination croisée, Production, Sécurité des produits, Qualité

Introduction

La contamination croisée est un problème majeur dans les environnements de production, en particulier dans les industries alimentaire, pharmaceutique et cosmétique. Elle peut entraîner des risques pour la santé des consommateurs, des rappels de produits coûteux et une atteinte à la réputation de l'entreprise. Cet article explore les causes de la contamination croisée et présente des stratégies pour la prévenir efficacement.

Qu'est-ce que la contamination croisée ?

La contamination croisée se produit lorsque des substances indésirables, telles que des micro-organismes, des allergènes ou des contaminants chimiques, sont transférées d'une surface, d'un équipement ou d'un produit à un autre, compromettant ainsi la sécurité ou la qualité du produit final.

Causes de la contamination croisée

Manipulation humaine

- **Mains sales** : Les opérateurs peuvent transférer des contaminants en touchant différents produits sans se laver les mains.

- **Vêtements contaminés** : Les uniformes peuvent transporter des particules d'un environnement à un autre.

Équipements partagés

- **Machines non nettoyées** : Utilisation de la même machine pour différents produits sans nettoyage adéquat.

- **Ustensiles** : Outils tels que les cuillères, spatules ou balances utilisés pour plusieurs produits.

Environnement

- **Flux d'air** : Les particules en suspension peuvent être transportées par l'air.

- **Surface de travail** : Plans de travail non désinfectés entre les lots de production.

Matières premières

- **Stockage inadéquat** : Ingrédients stockés ensemble sans séparation appropriée.

- **Fournisseurs non conformes** : Matières premières déjà contaminées à la réception.

Conséquences de la contamination croisée

- **Risques pour la santé** : Allergies, intoxications alimentaires, réactions indésirables.

- **Rappels de produits** : Coûts financiers élevés et perte de confiance des clients.

- **Conformité réglementaire** : Sanctions légales pour non-respect des normes de sécurité.

Stratégies pour prévenir la contamination croisée

1. Bonnes pratiques de fabrication (BPF)

- **Protocoles standardisés** : Établir des procédures claires pour chaque étape de production.

- **Formation du personnel** : Sensibiliser aux risques et aux mesures préventives.

- **Documentation** : Tenir des registres pour assurer la traçabilité.

2. Hygiène du personnel

- **Lavages des mains fréquents** : Avant et après chaque manipulation.

- **Uniformes propres** : Port de vêtements dédiés à la zone de production.

- **Équipements de protection individuelle (EPI)** : Gants, masques, coiffes pour éviter les contaminations.

3. Nettoyage et désinfection des équipements

- **Procédures de nettoyage** : Définir des méthodes pour chaque équipement.

- **Fréquence** : Nettoyage après chaque utilisation ou changement de produit.

- **Validation du nettoyage** : Tests pour vérifier l'efficacité des procédures.

4. Séparation des zones de production

- **Zonage** : Délimiter physiquement les zones pour différents produits ou étapes.

- **Flux unidirectionnel** : Organiser les déplacements pour éviter les croisements.

- **Contrôle de l'air** : Systèmes de ventilation pour empêcher la dispersion des particules.

5. Gestion des matières premières et des stocks

- **Stockage séparé** : Séparer les allergènes ou les produits sensibles.

- **Systèmes FIFO (First In, First Out)** : Utiliser les ingrédients dans l'ordre de réception pour éviter les contaminations croisées.

6. Contrôle des fournisseurs

- **Sélection rigoureuse** : Travailler avec des fournisseurs certifiés.

- **Audits réguliers** : Vérifier les pratiques des fournisseurs pour assurer la conformité.

7. Utilisation de technologies avancées

- **Équipements dédiés** : Machines spécifiques pour certains produits.

- **Systèmes de détection** : Capteurs pour identifier les contaminants.

Surveillance et amélioration continue

- **Analyses régulières** : Tests microbiologiques et chimiques pour détecter les contaminants.

- **Audits internes** : Évaluer l'efficacité des mesures en place.

- **Retour d'expérience** : Impliquer le personnel pour identifier les points à améliorer.

Conclusion

La prévention de la contamination croisée est essentielle pour garantir la sécurité et la qualité des produits dans les environnements de production. En adoptant des stratégies proactives, en formant le personnel et en mettant en place des procédures rigoureuses, les entreprises peuvent minimiser les risques, se conformer aux réglementations et protéger leur réputation. La vigilance constante et l'amélioration continue sont les clés du succès dans ce domaine.

Le rôle des nanotechnologies dans le nettoyage moderne

Résumé: Exploration de l'utilisation des nanotechnologies pour améliorer l'efficacité et la durabilité des processus de nettoyage actuels.

Mots-clés: Nanotechnologies, Nettoyage moderne, Efficacité, Durabilité

Introduction

Les nanotechnologies, qui manipulent la matière à l'échelle atomique et moléculaire, ont révolutionné de nombreux secteurs, y compris celui du nettoyage. En offrant des solutions innovantes pour éliminer les contaminants à un niveau microscopique, les nanotechnologies améliorent l'efficacité, réduisent l'utilisation de produits chimiques nocifs et ouvrent la voie à des pratiques de nettoyage plus durables. Cet article examine le rôle des nanotechnologies dans le nettoyage moderne et leurs impacts potentiels sur l'industrie.

Applications des nanotechnologies dans le nettoyage

1. Revêtements nanostructurés

- **Surfaces autonettoyantes**: Les revêtements hydrophobes et oléophobes empêchent l'adhérence de l'eau, de l'huile et de la saleté.

- **Protection antimicrobienne**: Intégration de nanoparticules d'argent ou de cuivre pour inhiber la croissance des bactéries et des virus.

2. Nanoparticules dans les détergents

- **Efficacité accrue**: Les nanoparticules peuvent pénétrer plus profondément dans les surfaces pour éliminer les contaminants.

- **Réduction des produits chimiques**: Moins de détergents sont nécessaires pour obtenir le même niveau de propreté.

3. Filtration avancée

- **Nano-filtres**: Capables de capturer des particules ultrafines, y compris les polluants et les allergènes.

- **Purification de l'eau**: Utilisation de membranes nanotechnologiques pour éliminer les impuretés à l'échelle moléculaire.

Avantages des nanotechnologies dans le nettoyage

Efficacité améliorée

- **Nettoyage en profondeur**: Capacité à éliminer les contaminants invisibles à l'œil nu.

- **Résultats durables**: Les surfaces traitées restent propres plus longtemps, réduisant la fréquence de nettoyage.

Durabilité environnementale

- **Moins de produits chimiques**: Diminution de l'utilisation de substances potentiellement nocives.

- **Économie d'énergie**: Réduction des besoins en eau chaude et en frottement intensif.

Santé et sécurité

- **Réduction des allergènes**: Élimination plus efficace des particules pouvant provoquer des réactions allergiques.

- **Surfaces antimicrobiennes**: Diminution du risque de propagation des infections.

Défis et considérations

Risques pour la santé et l'environnement

- **Toxicité des nanoparticules**: Besoin d'études approfondies sur l'impact des nanoparticules sur la santé humaine et l'écosystème.

- **Gestion des déchets**: Développement de protocoles pour l'élimination sûre des nanomatériaux.

Coûts

- **Investissement initial élevé**: Les technologies nanométriques peuvent être coûteuses à mettre en place.

- **Accessibilité**: Adoption limitée par les petites entreprises en raison des coûts.

Réglementation

- **Normes de sécurité**: Manque de réglementations spécifiques concernant l'utilisation des nanotechnologies dans le nettoyage.

- **Transparence**: Nécessité d'informer les consommateurs sur la présence de nanomatériaux dans les produits.

Perspectives

- **Recherche et développement**: Investissements continus pour améliorer l'efficacité et la sécurité des nanotechnologies.

- **Intégration dans les pratiques courantes**: Adoption croissante par les industries grâce à la réduction des coûts et à la sensibilisation.

- **Normes et certifications**: Établissement de normes pour garantir la qualité et la sécurité des produits nanotechnologiques.

Conclusion

Les nanotechnologies offrent un potentiel énorme pour transformer le secteur du nettoyage en le rendant plus efficace, durable et respectueux de l'environnement. Cependant, il est essentiel de gérer les défis associés, notamment en matière de santé, de sécurité et de réglementation. Avec une approche responsable, les nanotechnologies peuvent jouer un rôle clé dans le nettoyage moderne, apportant des avantages significatifs aux entreprises et à la société dans son ensemble.

La gestion de l'hygiène en télétravail : conseils pour un environnement sain à domicile

Résumé: Conseils pratiques pour maintenir une hygiène optimale en travaillant depuis chez soi, assurant santé et productivité.

Mots-clés: Télétravail, Hygiène à domicile, Santé, Productivité

Introduction

Le télétravail est devenu une composante majeure du monde professionnel moderne. Si travailler depuis chez soi offre de nombreux avantages, il présente également des défis en matière d'hygiène et de santé. Un environnement de travail propre et organisé est essentiel pour maintenir le bien-être et la productivité. Cet article propose des conseils pour gérer efficacement l'hygiène en télétravail.

Pourquoi l'hygiène en télétravail est-elle importante ?

- **Santé physique**: Réduction des risques d'allergies, de maladies et de troubles musculosquelettiques.

- **Santé mentale**: Un espace propre contribue à réduire le stress et à améliorer la concentration.

- **Productivité**: Un environnement organisé facilite le travail efficace.

Conseils pour maintenir un environnement de travail sain à domicile

1. Aménager un espace de travail dédié

- **Séparation des espaces**: Choisir un endroit spécifique pour travailler, distinct des zones de repos.

- **Équipement ergonomique**: Investir dans une chaise confortable, un bureau à la bonne hauteur et un écran à la bonne distance.

- **Organisation**: Utiliser des rangements pour éviter l'encombrement.

2. Nettoyer régulièrement

- **Surface de travail**: Essuyer le bureau quotidiennement avec un chiffon humide.

- **Équipements informatiques**: Nettoyer le clavier, la souris et l'écran pour éliminer la poussière et les germes.

- **Sol**: Passer l'aspirateur ou balayer pour éviter l'accumulation de saleté.

3. Aérer l'espace

- **Ventilation naturelle**: Ouvrir les fenêtres plusieurs fois par jour pour renouveler l'air.

- **Plantes d'intérieur**: Utiliser des plantes pour améliorer la qualité de l'air.

4. Hygiène personnelle

- **Routine matinale**: Se préparer comme pour aller au bureau, y compris se laver et s'habiller.

- **Lavage des mains**: Se laver régulièrement les mains, surtout avant de manger.

5. Gestion des déchets

- **Poubelle à proximité**: Avoir une petite poubelle près du poste de travail.

- **Tri des déchets**: Recycler les papiers et autres matériaux recyclables.

6. Limiter la consommation alimentaire au poste de travail

- **Éviter les repas à l'ordinateur**: Préférer manger dans la cuisine ou la salle à manger.

- **Nettoyer après les collations**: Éliminer les miettes et les emballages pour éviter les nuisibles.

7. Maintenir une bonne posture

- **Exercices réguliers**: Faire des pauses pour s'étirer et bouger.

- **Position ergonomique**: Ajuster la chaise et l'écran pour éviter les tensions.

Gestion du temps et équilibre travail-vie personnelle

- **Horaires fixes**: Établir des heures de travail régulières.

- **Déconnexion**: Savoir arrêter de travailler pour se reposer et se ressourcer.

- **Activités de détente**: Intégrer des moments pour les loisirs et la relaxation.

Outils pour faciliter l'hygiène en télétravail

- **Applications de rappel**: Utiliser des applications pour programmer des pauses et des tâches de nettoyage.

- **Check-lists**: Établir des listes pour les routines de nettoyage et d'organisation.

Conclusion

La gestion de l'hygiène en télétravail est essentielle pour préserver la santé, le bien-être et la productivité. En adoptant des habitudes simples et régulières, il est possible de créer un environnement de travail à domicile sain et agréable. Investir du temps dans l'entretien de son espace de travail est un investissement dans sa propre performance et satisfaction professionnelle.

Les impacts psychologiques d'un environnement de travail propre

Résumé: Exploration de la manière dont un environnement de travail propre influence positivement la santé mentale et le bien-être des employés.

Mots-clés: Environnement de travail, Propreté, Santé mentale, Bien-être

Introduction

Un environnement de travail propre ne se limite pas à l'esthétique ; il joue un rôle crucial dans le bien-être psychologique des employés. La propreté et l'ordre peuvent influencer l'humeur, la motivation et la productivité. Cet article examine les impacts psychologiques d'un environnement de travail propre et comment les entreprises peuvent favoriser un espace sain pour leurs employés.

Lien entre propreté et santé mentale

1. Réduction du stress

- **Moins de distractions**: Un espace dégagé permet de se concentrer sur les tâches importantes.

- **Sensation de contrôle**: Un environnement ordonné donne le sentiment de maîtriser son espace.

2. Amélioration de l'humeur

- **Ambiance positive**: La propreté contribue à une atmosphère agréable.

- **Motivation accrue**: Un espace soigné peut stimuler l'énergie et l'enthousiasme.

3. Augmentation de la productivité

- **Efficacité**: Moins de temps perdu à chercher des documents ou des outils.

- **Clarté mentale**: Un environnement organisé favorise une pensée claire et structurée.

Impacts négatifs d'un environnement sale

- **Anxiété**: Le désordre peut créer un sentiment d'accablement.

- **Fatigue mentale**: L'encombrement visuel peut entraîner une surcharge cognitive.

- **Démotivation**: Un espace négligé peut réduire l'engagement envers le travail.

Stratégies pour maintenir un environnement de travail propre

1. Politiques d'entreprise

- **Normes de propreté**: Établir des directives claires pour l'entretien des espaces.

- **Responsabilisation**: Encourager chacun à contribuer à la propreté.

2. Services de nettoyage professionnels

- **Entretien régulier**: Faire appel à des professionnels pour un nettoyage approfondi.

- **Zones communes**: Accorder une attention particulière aux espaces partagés.

3. Aménagement de l'espace

- **Rangement accessible**: Fournir des solutions de stockage pour éviter l'encombrement.

- **Design épuré**: Favoriser un aménagement minimaliste pour réduire les distractions.

4. Promotion du bien-être

- **Espaces de détente**: Créer des zones pour la relaxation et la décompression.

- **Lumière naturelle**: Maximiser l'éclairage naturel pour améliorer l'humeur.

Implication des employés

1. Sensibilisation

- **Formation**: Informer sur les bienfaits d'un environnement propre.

- **Communication**: Encourager le dialogue sur les besoins en matière d'espace de travail.

2. Participation active

- **Initiatives collaboratives**: Organiser des journées de nettoyage ou de réorganisation.

- **Reconnaissance**: Valoriser les efforts pour maintenir la propreté.

Cas d'études et recherches

- **Études scientifiques**: Présentation de recherches montrant l'impact positif de la propreté sur la santé mentale.

- **Exemples d'entreprises**: Analyses de sociétés ayant amélioré le bien-être des employés grâce à un environnement propre.

Conclusion

Un environnement de travail propre est bien plus qu'une question d'apparence ; c'est un élément clé du bien-être psychologique et de la performance des employés. En investissant dans la propreté et l'organisation de l'espace de travail, les entreprises peuvent favoriser une culture positive, réduire le stress et augmenter la satisfaction au travail. Il s'agit d'une démarche gagnante pour les employés et l'organisation dans son ensemble.

Les tendances futures en matière d'hygiène et de salubrité

Résumé: Explorez les innovations et les tendances émergentes qui façonneront l'avenir de l'hygiène et de la salubrité dans divers secteurs.

Mots-clés: Tendances futures, Hygiène, Salubrité, Innovations

---

Introduction

À l'ère postpandémique, l'importance de l'hygiène et de la salubrité a atteint un niveau sans précédent. Les avancées technologiques, les préoccupations environnementales et les attentes croissantes des consommateurs conduisent à de nouvelles tendances dans ce domaine. Cet article examine les innovations et les orientations futures qui influenceront les pratiques d'hygiène et de salubrité dans les années à venir.

Technologies émergentes

1. Intelligence artificielle (IA) et automatisation

- **Robots de nettoyage autonomes** : Capables de désinfecter les espaces sans intervention humaine.

- **IA pour la surveillance** : Utilisation de capteurs et d'algorithmes pour détecter les zones nécessitant un nettoyage.

2. Internet des objets (IoT)

- **Appareils connectés** : Équipements de nettoyage intelligents qui communiquent entre eux pour optimiser les opérations.

- **Surveillance en temps réel** : Collecte de données sur la propreté et la qualité de l'air pour des interventions rapides.

3. Désinfection avancée

- **Technologies UV-C** : Lampes et robots utilisant les UV pour éliminer les germes.

- **Nano-revêtements antimicrobiens** : Surfaces traitées pour empêcher la prolifération des bactéries et virus.

Approches écologiques et durables

1. Produits de nettoyage verts

- **Ingrédients biodégradables** : Formules à base de plantes qui minimisent l'impact environnemental.

- **Réduction des emballages** : Utilisation de contenants réutilisables ou recyclables.

2. Économie circulaire

- **Recyclage des déchets** : Transformation des déchets de nettoyage en ressources réutilisables.

- **Optimisation des ressources** : Techniques pour réduire la consommation d'eau et d'énergie.

Personnalisation et expérience client

1. Hygiène sur mesure

- **Solutions adaptées** : Services de nettoyage personnalisés en fonction des besoins spécifiques des clients.

- **Flexibilité** : Offres modulables pour s'adapter aux changements rapides des environnements de travail.

2. Transparence et traçabilité

- **Information en temps réel** : Applications permettant aux clients de voir quand et comment les espaces ont été nettoyés.

- **Certifications** : Labels et normes pour garantir le respect des standards d'hygiène.

Intégration de la santé et du bien-être

1. Espaces sains

- **Conception biophilique** : Intégration de la nature dans les espaces intérieurs pour améliorer le bien-être.

- **Qualité de l'air** : Systèmes avancés de filtration pour assurer un air pur.

2. Éducation et sensibilisation

- **Programmes de formation** : Éduquer le personnel et le public sur les meilleures pratiques d'hygiène.

- **Campagnes de santé publique** : Promouvoir des comportements hygiéniques dans la société.

Défis et considérations pour l'avenir

1. Coûts et accessibilité

- **Investissement initial** : Les nouvelles technologies peuvent être coûteuses à mettre en place.

- **Égalité d'accès** : Assurer que les innovations sont accessibles à tous, y compris les petites entreprises.

2. Confidentialité et sécurité des données

- **Protection des informations** : Gestion éthique des données collectées par les dispositifs IoT et les systèmes d'IA.

- **Réglementations** : Respect des lois sur la vie privée et la sécurité des informations.

3. Adaptation aux changements climatiques

- **Résilience** : Développer des pratiques d'hygiène qui résistent aux impacts du changement climatique.

- **Gestion des ressources** : Utilisation responsable de l'eau et de l'énergie dans un contexte de rareté croissante.

Conclusion

Les tendances futures en matière d'hygiène et de salubrité sont façonnées par l'innovation technologique, la durabilité environnementale et une attention accrue au bien-être humain. En adoptant ces nouvelles approches, les entreprises et les organisations peuvent non seulement améliorer la propreté et la sécurité, mais aussi créer des environnements plus sains et plus agréables pour tous. L'avenir de l'hygiène est prometteur, avec des opportunités pour transformer radicalement la façon dont nous interagissons avec nos espaces de vie et de travail.

www.ingramcontent.com/pod-product-compliance
Lightning Source LLC
Chambersburg PA
CBHW020357100426
42812CB00001B/96